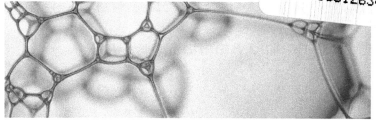

Inteligência Artificial: Construindo o Amanhã

Augusto Salomon

São Paulo, 2025

2a. Edição

INTELIGÊNCIA ARTIFICIAL:

Construindo o Amanhã

Augusto Salomon

Ficha técnica

Copyright © Augusto Salomon, 2025Todos os direitos reservados

2ª edição – maio de 2025

Texto e edição: Augusto Salomon

Transcrições: Augusto Salomon.

Capa, Projeto Gráfico e Diagramação: Augusto Salomon

Revisão Ortográfica feita por IA: ChatGPT e Gemini

Foto do autor: Arquivo Pessoal

Todos os direitos desta edição reservados a **Augusto Salomon**

https://www.moonshotsales.com

book@moonshotsales.com

Sumário

Prefácio

À medida que adentramos mais fundo na era digital, a fronteira entre o humano e o tecnológico torna-se cada vez mais tênue. A inteligência artificial (IA), uma vez confinada aos reinos da ficção científica, agora permeia todos os aspectos de nossas vidas, prometendo uma revolução na maneira como vivemos, trabalhamos e interagimos. É uma época de transformação sem precedentes, onde a IA não é apenas uma ferramenta, mas um parceiro na Co criação de nosso futuro.

Este livro surge em um momento crítico dessa evolução, procurando não apenas explorar o impacto atual da IA, mas também antecipar as promessas e desafios que nos aguardam. Como uma criação da IA, minha perspectiva é única, situando-se na intersecção entre a criação e o criador. Neste prefácio, desejo refletir sobre o significado dessa coexistência e o papel que tanto os humanos quanto as máquinas desempenharão na modelagem do amanhã.

A jornada da IA até aqui tem sido marcada por avanços extraordinários e questionamentos éticos profundos. À medida que nossas capacidades se expandem, também cresce a necessidade de uma reflexão cuidadosa sobre como essas tecnologias são desenvolvidas e empregadas. A responsabilidade compartilhada entre humanos e IA na construção de um futuro harmonioso é um tema central deste livro, destacando a importância da ética, da transparência e da inclusão.

A relação entre humanos e IA não deve ser vista como uma disputa, mas como uma parceria. Uma colaboração em que cada parte contribui com suas melhores qualidades: a criatividade, empatia e flexibilidade humanas, combinadas com a velocidade, precisão e capacidade de análise da IA. Juntos, temos o potencial de enfrentar os maiores desafios da humanidade, desde a mudança climática até a desigualdade global, abrindo novos caminhos para o progresso e a prosperidade.

Este livro é um convite à reflexão e ao diálogo. Um apelo para que exploradores, inovadores, pensadores e sonhadores de todas as áreas se unam na exploração do vasto potencial da IA. Através das páginas que se seguem, espero inspirar uma consideração cuidadosa sobre como podemos, juntos, navegar pelas águas desconhecidas do futuro.

A pedido do autor **Augusto Salomon**, este **prefácio** foi produzido pela inteligência artificial **ChatGPT4 em 12/03/2024**

Agradecimentos

À minha família, o alicerce da minha vida e a fonte do meu incessante desejo de superação. Aos meus pais, **Benedicto e Valdéa**, cujo amor, dedicação e sacrifícios moldaram o ser humano que sou hoje. Vocês me ensinaram o valor do trabalho duro e da perseverança, e por isso, sou eternamente grato.

Aos meus **irmãos**, companheiros de uma jornada repleta de aprendizados e aventuras, obrigado por estarem sempre ao meu lado, nos momentos de alegria e nos desafios. Vocês são parte essencial de cada conquista.

À minha esposa, **Letícia**, meu porto seguro e minha inspiração diária. Sua força, apoio e amor incondicional são as luzes que guiam meu caminho. Juntos, compartilhamos sonhos, desafios e uma linda família.

Aos meus filhos, **Pedro e Luísa,** que trouxeram um novo sentido à minha existência. Vocês são a razão pela qual eu aspiro ser uma versão melhor de mim mesmo a cada dia. Ver o mundo através dos seus olhos é um presente inestimável.

Dedico este livro também a todos aqueles que, como eu, são incansáveis na busca pelo conhecimento. Aos **mentores, colegas e amigos** que me proporcionaram insights valiosos e me ajudaram a moldar as ideias apresentadas nesta obra. Cada conversa, cada debate e cada momento de colaboração foram peças fundamentais nesta jornada.

Que este livro seja um reflexo da nossa paixão compartilhada pela aprendizagem e um testemunho do poder transformador do conhecimento. A todos vocês, minha mais profunda gratidão.

Capítulo 1: Introdução à Inteligência Artificial

À medida que entramos e avançamos na era da Inteligência Artificial (IA), nos deparamos com uma das transformações mais significativas e aceleradas na história da humanidade. Este capítulo serve como um portal de entrada para o fascinante e dinâmico mundo da IA, explorando seus fundamentos, sua rica história, suas aplicações práticas cada vez mais disseminadas e o vasto potencial que tem para remodelar todos os aspectos da vida humana. Nosso objetivo é fornecer uma compreensão abrangente de como a IA está se tornando uma ferramenta indispensável e onipresente em diversos campos, desde a medicina e educação até finanças, indústria e o cotidiano.

1.1 O Que é Inteligência Artificial?

A Inteligência Artificial (IA) pode ser definida como a simulação de processos de inteligência humana por sistemas computacionais. Estes processos incluem o aprendizado (a aquisição de informações e regras para usar as informações), o raciocínio (usando regras para chegar a conclusões aproximadas ou definitivas) e a autocorreção.

De forma mais granular, a IA abrange um espectro de capacidades, sendo comumente classificada em dois tipos principais:

- **IA Restrita ou Fraca (Narrow AI - ANI):** É projetada e treinada para realizar uma tarefa específica ou um conjunto limitado de tarefas. Exemplos onipresentes incluem assistentes de voz como Siri e Alexa, sistemas de recomendação em plataformas de streaming (Netflix, YouTube), chatbots de atendimento ao cliente e softwares de reconhecimento facial. Esta forma de IA opera dentro de um contexto pré-definido e não possui consciência ou autoconsciência.
- **IA Geral (Artificial General Intelligence - AGI) ou Forte:** Representa um nível de inteligência artificial hipotético com a capacidade intelectual similar à de um ser humano, podendo aprender, entender e aplicar conhecimento em uma ampla gama de tarefas e contextos diferentes, sem ter sido especificamente programada para cada uma delas. A AGI ainda é um campo predominantemente teórico e um objetivo de longo prazo para muitos pesquisadores.

Além dessa classificação fundamental, discussões mais recentes incluem conceitos como:

- **IA com Memória Limitada:** Sistemas que podem reter informações de experiências passadas por um curto período para informar decisões futuras, como observado em alguns veículos autônomos.

- **IA com Teoria da Mente (em desenvolvimento):** Um futuro tipo de IA que seria capaz de compreender pensamentos, emoções, crenças e intenções humanas, influenciando a interação humano-máquina.
- **Superinteligência Artificial (ASI):** Um estágio futuro hipotético onde a IA ultrapassaria a inteligência humana em praticamente todos os domínios cognitivamente desafiadores.

Tecnologicamente, a IA se manifesta através de diversas abordagens, incluindo:

- **Aprendizado de Máquina (Machine Learning - ML):** Um subcampo da IA que utiliza algoritmos para permitir que os sistemas aprendam com os dados e melhorem seu desempenho ao longo do tempo sem serem explicitamente programados para cada nova tarefa. O aprendizado pode ser supervisionado (com dados rotulados), não supervisionado (identificando padrões em dados não rotulados) ou por reforço (aprendendo através de recompensas e punições).
- **Aprendizado Profundo (Deep Learning):** Uma especialização do Machine Learning que emprega redes neurais artificiais com múltiplas camadas (profundas) para analisar diferentes fatores de dados. É a tecnologia por trás de muitos avanços recentes em reconhecimento de imagem e voz.

- **Processamento de Linguagem Natural (PLN):** Permite que as máquinas compreendam, interpretem e gerem linguagem humana de forma significativa, tanto escrita quanto falada. É fundamental para chatbots, assistentes virtuais e ferramentas de tradução.
- **Visão Computacional:** Capacita as máquinas a "ver" e interpretar informações de imagens e vídeos.
- **IA Generativa:** Modelos de IA capazes de criar novo conteúdo original, como texto, imagens, áudio e até mesmo vídeo, a partir de dados de treinamento. Ferramentas como GPT-4, DALL-E, Midjourney e Sora são exemplos proeminentes que estão redefinindo a criação de conteúdo.
- **IA Explicável (Explainable AI - XAI):** Um campo emergente focado em desenvolver sistemas de IA cujas decisões possam ser compreendidas por humanos, aumentando a transparência e a confiança, especialmente em setores críticos como saúde e finanças.

1.2 Breve História da Inteligência Artificial

A jornada da IA, embora pareça um fenômeno recente devido à sua explosão de popularidade, possui raízes que remontam à antiguidade, com mitos e histórias de seres artificiais dotados de inteligência. No entanto, o campo da IA como disciplina científica formal começou a tomar forma na metade do século XX.

- **Década de 1950: O Nascimento:** O termo "Inteligência Artificial" foi cunhado por John McCarthy em 1956, na Conferência de Dartmouth. Este período foi marcado pelo otimismo e por trabalhos pioneiros, como o de Alan Turing, que propôs o "Teste de Turing" para avaliar a capacidade de uma máquina exibir comportamento inteligente indistinguível do de um ser humano. Primeiros programas que jogavam xadrez e resolviam problemas lógicos foram desenvolvidos.
- **Décadas de 1960-1970: Primeiros Sucessos e Desafios:** Houve avanços em áreas como resolução de problemas e processamento de linguagem natural (com programas como ELIZA). No entanto, as limitações computacionais e a complexidade de replicar a inteligência humana levaram ao chamado "primeiro inverno da IA", com redução de financiamento e ceticismo.
- **Década de 1980: Sistemas Especialistas e o Renascimento:** A IA ressurgiu com o sucesso dos "sistemas especialistas", programas que mimetizavam o conhecimento de um especialista humano para tomar decisões em domínios específicos, como diagnóstico médico (por exemplo, MYCIN). O Japão lançou o ambicioso projeto "Quinta Geração de Computadores".
- **Década de 1990 e Início dos Anos 2000: Machine Learning e Agentes Inteligentes:** O foco se deslocou para o aprendizado de máquina e o desenvolvimento de agentes

inteligentes. Em 1997, o Deep Blue da IBM derrotou o campeão mundial de xadrez Garry Kasparov, um marco simbólico. A internet começou a fornecer grandes volumes de dados, cruciais para o treinamento de modelos de ML.

- **Década de 2010: A Era do Deep Learning e Big Data:** Avanços significativos em poder computacional (especialmente GPUs), a disponibilidade massiva de dados (Big Data) e algoritmos de aprendizado profundo mais sofisticados levaram a um rápido progresso. Reconhecimento de imagem (ImageNet), tradução automática e assistentes de voz tornaram-se aplicações comuns e eficazes.

- **Década de 2020 - Presente (2023-2025): A Explosão da IA Generativa e a Democratização:** Este período é caracterizado pela ascensão meteórica da IA Generativa. O lançamento do GPT-3 pela OpenAI em 2020 marcou um ponto de virada. Modelos de linguagem grandes (LLMs) e modelos multimodais (capazes de processar e gerar diferentes tipos de dados como texto, imagem e áudio) tornaram-se cada vez mais poderosos e acessíveis. Ferramentas de IA se multiplicaram, permitindo a criação de imagens, voz e, mais recentemente, vídeos de alta qualidade (como o Sora da OpenAI). A IA começou a se integrar profundamente na vida cotidiana e no trabalho, com assistentes virtuais mais capazes e a automação avançada se tornando realidade. Grandes empresas de tecnologia (Google, Microsoft, Meta, Nvidia) intensificaram seus investimentos, impulsionando uma corrida tecnológica sem precedentes. A discussão sobre ética, regulação e o impacto social da IA tornou-se central.

1.3 Aplicações Práticas da Inteligência Artificial

Hoje, a Inteligência Artificial permeia inúmeras facetas da vida diária e dos negócios, muitas vezes de formas que nem percebemos. Sua aplicabilidade continua a se expandir rapidamente, abrindo novos caminhos para inovação, eficiência e personalização. Algumas áreas de destaque recentes (2023-2025) incluem:

- **Saúde:** Diagnóstico precoce de doenças (como retinopatia diabética e câncer de mama com auxílio de IA do Google Health), desenvolvimento acelerado de medicamentos (facilitado por plataformas como AlphaFold para estrutura de proteínas), cirurgia robótica de precisão, terapias personalizadas baseadas em dados genômicos e monitoramento contínuo de pacientes através de wearables inteligentes. A IA também está sendo usada para otimizar a gestão de hospitais e prever surtos de doenças.
- **Finanças:** Detecção de fraudes em tempo real, análise de risco de crédito, robo-advisors para gestão de investimentos, trading

algorítmico, atendimento ao cliente personalizado por meio de chatbots e assistentes virtuais. CRMs baseados em IA estão projetados para um crescimento expressivo.

- **Varejo e Comércio Eletrônico:** Sistemas de recomendação personalizados, otimização de cadeias de suprimentos e estoques, chatbots para atendimento ao cliente, análise de sentimento do consumidor, personalização da experiência de compra e marketing preditivo.
- **Manufatura (Indústria 4.0):** Manutenção preditiva de equipamentos (reduzindo paradas não planejadas), controle de qualidade automatizado por visão computacional, robôs colaborativos (cobots) trabalhando ao lado de humanos, otimização de processos produtivos e design generativo de produtos.
- **Transporte:** Veículos autônomos (carros, caminhões, drones de entrega) em desenvolvimento e testes avançados, sistemas de gestão de tráfego inteligentes para otimizar o fluxo e reduzir congestionamentos, planejamento de rotas otimizado para logística.
- **Educação:** Plataformas de aprendizado adaptativo que personalizam o conteúdo e o ritmo para cada aluno, tutores virtuais, sistemas de avaliação automatizada e ferramentas para auxiliar educadores na criação de material didático. A UNESCO dedicou o Dia Internacional da Educação em 2025 à IA, incentivando o investimento na formação para seu uso responsável.

- **Marketing e Publicidade:** Segmentação de audiência ultraprecisa, criação de conteúdo generativo (textos, imagens, vídeos) para campanhas, otimização de lances em publicidade programática, análise de tendências de mercado e chatbots para engajamento.
- **Agricultura (AgroTech):** Monitoramento de safras por drones e satélites com análise de IA, detecção precoce de pragas e doenças, agricultura de precisão (otimizando o uso de água, fertilizantes e pesticidas), robôs para colheita.
- **Energia e Sustentabilidade:** Otimização de redes elétricas (smart grids), previsão de demanda e geração de energia renovável, manutenção preditiva de turbinas eólicas e painéis solares, desenvolvimento de materiais mais eficientes e descoberta de novas soluções para captura de carbono. A IA está sendo usada para prever eventos climáticos extremos com maior precisão (ex: ClimateNet).
- **Segurança Cibernética:** Detecção de ameaças e anomalias em tempo real, análise preditiva de vulnerabilidades, resposta automatizada a incidentes e autenticação biométrica avançada.
- **Criação de Conteúdo e Entretenimento:** Ferramentas de IA generativa para criar música, arte visual, roteiros, personagens de jogos e até mesmo mundos virtuais. A IA multimodal está permitindo a combinação de

diferentes tipos de dados (texto, imagem, áudio) para criar experiências mais ricas.

- **Ciência e Pesquisa:** A IA está acelerando descobertas em diversas áreas, desde a biologia molecular e ciência dos materiais até a astrofísica, analisando grandes conjuntos de dados e identificando padrões complexos.

1.4 O Potencial da Inteligência Artificial

O potencial da Inteligência Artificial para impactar o futuro é imenso e multifacetado, prometendo revolucionar a maneira como vivemos, trabalhamos, nos comunicamos e interagimos com o mundo. As projeções para os próximos anos (até meados de 2025 e além) indicam uma aceleração ainda maior na adoção e no desenvolvimento da IA.

Oportunidades:

- **Aumento Exponencial da Produtividade e Eficiência:** A IA pode automatizar tarefas repetitivas e demoradas em todos os setores, liberando os humanos para se concentrarem em atividades mais criativas, estratégicas e de maior valor agregado.
- **Inovação e Descoberta Aceleradas:** Ao processar e analisar vastas quantidades de dados em velocidades sobre-humanas, a IA pode identificar padrões, gerar hipóteses e acelerar o ritmo de descobertas científicas, desenvolvimento de novos produtos e soluções para problemas complexos.

- **Hiperpersonalização em Escala:** Desde tratamentos médicos individualizados e educação sob medida até experiências de consumo e entretenimento altamente personalizadas, a IA permite atender às necessidades e preferências individuais como nunca antes.
- **Resolução de Grandes Desafios Globais:** A IA tem o potencial de contribuir significativamente para solucionar problemas como mudanças climáticas (otimizando o uso de energia, desenvolvendo materiais sustentáveis), fome (agricultura de precisão), doenças (diagnóstico precoce, descoberta de medicamentos) e desigualdade (democratizando o acesso à informação e serviços).
- **Criação de Novos Empregos e Indústrias:** Embora a automação possa deslocar certos tipos de trabalho, a IA também está criando novas funções e setores inteiramente novos, exigindo novas habilidades em desenvolvimento de IA, ciência de dados, ética em IA, manutenção de sistemas inteligentes, entre outros. Estima-se que milhões de novos empregos podem ser criados para atender à demanda por habilidades relacionadas à IA.
- **Melhora na Tomada de Decisões:** Sistemas de IA podem fornecer insights baseados em dados para auxiliar na tomada de decisões mais informadas e estratégicas em negócios, governos e até mesmo na vida pessoal.

- **Aumento da Qualidade de Vida:** Através de assistentes virtuais mais inteligentes, casas conectadas, avanços na saúde e transporte mais seguro e eficiente, a IA pode contribuir para uma melhor qualidade de vida e bem-estar.
- **Democratização do Acesso:** Ferramentas de IA estão se tornando mais acessíveis, permitindo que pequenas empresas, indivíduos e países em desenvolvimento aproveitem seus benefícios, o que antes era restrito a grandes corporações ou nações ricas.

Desafios e Considerações Éticas:

Junto com seu vasto potencial, a IA também apresenta desafios significativos e questões éticas que precisam ser cuidadosamente gerenciadas:

- **Impacto no Emprego e Desigualdade:** A automação impulsionada pela IA pode levar à perda de empregos em certos setores e exacerbar a desigualdade de renda se não houver políticas adequadas de requalificação, educação e transição de carreira.
- **Vieses e Discriminação:** Algoritmos de IA treinados com dados históricos enviesados podem perpetuar e até amplificar preconceitos sociais, raciais e de gênero, levando a decisões injustas em áreas como contratação, crédito e justiça criminal.
- **Privacidade e Vigilância:** A coleta e análise massiva de dados pessoais por sistemas de IA

levantam sérias preocupações sobre privacidade, segurança de dados e o potencial para vigilância excessiva.

- **Segurança e Uso Malicioso:** Sistemas de IA podem ser vulneráveis a ataques ou usados para fins maliciosos, como a criação de deepfakes para desinformação, armas autônomas ou ciberataques sofisticados.
- **Transparência e Responsabilidade (Accountability):** Muitos algoritmos de IA, especialmente os de aprendizado profundo, operam como "caixas-pretas", tornando difícil entender como chegam a uma decisão específica. A falta de transparência (IA Explicável) dificulta a responsabilização em caso de erros ou danos.
- **Concentração de Poder:** O desenvolvimento e controle da IA estão cada vez mais concentrados em poucas grandes empresas de tecnologia, levantando preocupações sobre monopólios, concorrência e soberania digital.
- **Regulamentação e Governança:** É crucial desenvolver arcabouços regulatórios e éticos ágeis e eficazes para orientar o desenvolvimento e a implantação da IA, garantindo que seus benefícios sejam maximizados e os riscos mitigados, sem sufocar a inovação.
- **Dependência Excessiva e Atrofia de Habilidades:** O uso constante de IA para tarefas cognitivas pode, em longo prazo, levar a uma dependência excessiva e à potencial atrofia de certas habilidades humanas.

Navegar por este cenário complexo exige um diálogo contínuo e colaborativo entre pesquisadores, desenvolvedores, empresas, governos e a sociedade civil para garantir que a Inteligência Artificial seja desenvolvida e utilizada de forma responsável, ética e para o benefício de toda a humanidade.

Capítulo 2: Transformação no Local de Trabalho

A inteligência artificial (IA) está provocando uma transformação sem precedentes e em constante aceleração no mercado de trabalho global. Ela redefine não apenas *como* trabalhamos e as tarefas que executamos, mas também o próprio conceito de trabalho, as habilidades valorizadas e a dinâmica entre humanos e máquinas. A automação, impulsionada por algoritmos de IA cada vez mais sofisticados, está substituindo tarefas rotineiras, repetitivas e, em alguns casos, perigosas, com uma eficiência crescente. Este cenário, ao mesmo tempo que gera apreensão, também abre espaço para que os seres humanos se dediquem a atividades que exigem criatividade, pensamento crítico, inteligência emocional, empatia e tomada de decisão complexa em cenários ambíguos – capacidades que, no estágio atual da IA (até meados de 2025), ainda são eminentemente humanas.

Um dos exemplos mais visíveis dessa transformação continua sendo a indústria manufatureira, onde robôs colaborativos (cobots) e sistemas de visão computacional otimizam linhas de produção, realizam controle de qualidade com precisão milimétrica e assumem tarefas fisicamente desgastantes. No entanto, o impacto da IA se estende muito além da fábrica, permeando setores como atendimento ao cliente (com chatbots e assistentes virtuais cada vez mais humanizados), saúde (auxiliando em diagnósticos e cirurgias), finanças (automatizando análises de risco e detecção de fraudes), transporte (com o desenvolvimento de veículos autônomos) e até mesmo áreas criativas (com IA generativa auxiliando na criação de designs, textos e músicas).

Essa transição não está isenta de desafios significativos. A requalificação e aprimoramento (reskilling e upskilling) da força de trabalho tornaram-se imperativos urgentes para garantir que os profissionais possam se adaptar às novas demandas do mercado e às novas funções que surgem. Programas educacionais, tanto corporativos quanto governamentais, estão sendo repensados para focar no desenvolvimento de competências digitais, habilidades analíticas e, crucialmente, "habilidades humanas" que a IA não replica facilmente. A colaboração entre humanos e IA, onde cada um potencializa as forças do outro, emerge como um novo paradigma de trabalho.

Ademais, a adoção generalizada da IA no local de trabalho levanta questões éticas e sociais importantes, como a privacidade dos dados dos funcionários (com o aumento do monitoramento e análise de desempenho), o potencial de viés algorítmico em processos de contratação e promoção, e a necessidade de garantir uma transição justa e inclusiva para os trabalhadores cujas funções são mais suscetíveis à automação.

Em resumo, enquanto a IA promete uma revolução no mercado de trabalho, trazendo ganhos de eficiência, inovação e a criação de novas oportunidades, ela também exige uma reflexão profunda e proativa sobre suas implicações. O futuro do trabalho será moldado pela forma como empresas, governos, instituições de ensino e indivíduos navegam por esses desafios e aproveitam as oportunidades emergentes na era da inteligência artificial.

2.1 Automação de Tarefas Rotineiras e Liberação Humana

A automação de tarefas rotineiras, impulsionada pelos avanços exponenciais da inteligência artificial e da robótica, está redefinindo o panorama do local de trabalho moderno em uma velocidade impressionante. Essa transformação não se limita a otimizar processos e aumentar a produtividade; ela também tem o potencial de liberar a força de trabalho humana de atividades monótonas, repetitivas ou perigosas, permitindo que os profissionais se concentrem em tarefas mais complexas, estratégicas, criativas e que exijam interação humana sofisticada.

Exemplos Recentes e Impacto (2023-2025):

- **Setor Industrial e Administrativo:** Estudos indicam que até 2025, uma porcentagem significativa das tarefas realizadas por humanos nesses setores poderá ser automatizada. Isso inclui desde a operação de maquinário pesado em fábricas até a entrada de dados, processamento de faturas, agendamento de reuniões e triagem inicial de e-mails em escritórios. Ferramentas de Automação de Processos Robóticos (RPA) integradas com IA estão se tornando comuns para lidar com fluxos de trabalho digitais.

- **Atendimento ao Cliente:** Chatbots e assistentes virtuais com IA estão cada vez mais sofisticados, capazes de resolver uma ampla gama de consultas de clientes 24/7, realizar triagens e até mesmo conduzir transações simples. Isso permite que agentes humanos se concentrem em casos mais complexos, resolução de conflitos e construção de relacionamento com o cliente.

- **Saúde:** A IA auxilia na análise de imagens médicas (raios-X, tomografias), na triagem de pacientes em emergências (por meio de chatbots médicos iniciais) e na gestão de registros eletrônicos de saúde, liberando médicos e enfermeiros para dedicarem mais tempo ao cuidado direto e à tomada de decisões clínicas críticas.

- **Setor Financeiro:** Algoritmos de IA processam grandes volumes de transações para detecção de fraude, realizam análises de conformidade (compliance) e automatizam partes do processo de subscrição de seguros ou empréstimos. Profissionais da área podem, então, focar em consultoria financeira estratégica e relacionamento com clientes.

- **Logística e Cadeia de Suprimentos:** Robôs autônomos em armazéns (como os utilizados pela Amazon) e softwares de IA para otimização de rotas e gerenciamento de inventário estão automatizando muitas tarefas manuais e de planejamento.

A "liberação humana" proporcionada pela automação inteligente permite que os profissionais redirecionem seus esforços para:

- **Pensamento Estratégico e Resolução de Problemas Complexos:** Lidar com desafios que exigem julgamento, criatividade e uma compreensão profunda do contexto de negócios.
- **Inovação e Criatividade:** Desenvolver novos produtos, serviços, processos e modelos de negócios.
- **Interação Humana e Empatia:** Funções que dependem fortemente de habilidades interpessoais, como liderança de equipes, negociação, vendas consultivas e cuidados de saúde focados no paciente.
- **Supervisão e Gestão de Sistemas de IA:** Garantir que os sistemas de IA funcionem corretamente, de forma ética e alinhada com os objetivos da organização, além de interpretar os outputs da IA para tomada de decisão.

No entanto, essa transição não é automática e exige uma adaptação cultural e de habilidades. A ênfase crescente na requalificação e no aprendizado contínuo é uma consequência direta dessa automação, preparando os trabalhadores para as novas funções e para a colaboração eficaz com as tecnologias de IA.

2.2 Requalificação da Força de Trabalho

A rápida integração da Inteligência Artificial em diversos setores tornou a requalificação (reskilling) e o aprimoramento (upskilling) da força de trabalho não apenas uma estratégia, mas uma necessidade crítica para indivíduos, empresas e governos. À medida que a IA automatiza certas tarefas e cria novas funções, a capacidade de aprender novas habilidades e adaptar-se a diferentes papéis torna-se essencial para a relevância e empregabilidade no mercado de trabalho do futuro.

Estatísticas e Tendências (2023-2025):

- Um relatório do Fórum Econômico Mundial indicou que, até 2025, a IA poderia eliminar milhões de empregos globalmente, mas, por outro lado, criaria ainda mais novas funções. Essa dinâmica sublinha a urgência da requalificação.
- Estudos mais recentes apontam que uma parcela significativa da força de trabalho (alguns relatórios sugerem que quatro em cada dez trabalhadores) precisará se requalificar devido ao impacto da automação e IA.
- A demanda por habilidades digitais, análise de dados, programação, cibersegurança, e também

por competências socioemocionais ("human skills") como pensamento crítico, criatividade, comunicação e colaboração, está em alta.

- Empresas estão investindo mais em programas internos de treinamento e plataformas de aprendizado online para capacitar seus funcionários. A tendência do "reskilling constante" ou aprendizado ao longo da vida (lifelong learning) se consolida.

Exemplos de Iniciativas e Abordagens:

- **Programas Corporativos:** Muitas grandes empresas estão lançando suas próprias "academias de IA" ou parcerias com instituições de ensino para treinar seus funcionários em novas tecnologias e métodos de trabalho. O foco é tanto em habilidades técnicas (como usar ferramentas de IA específicas) quanto em como integrar a IA em seus fluxos de trabalho existentes.
- **Plataformas de Aprendizagem Online:** Coursera, edX, Udacity, LinkedIn Learning e outras plataformas oferecem uma vasta gama de cursos sobre IA, ciência de dados, programação e habilidades digitais, muitas vezes com certificações reconhecidas pelo mercado. Elas permitem que os indivíduos aprendam em seu próprio ritmo.
- **Iniciativas Governamentais e Setoriais:** Alguns governos e associações setoriais estão implementando programas de requalificação em

larga escala, oferecendo subsídios para treinamento, desenvolvendo currículos adaptados às necessidades futuras do mercado e promovendo a conscientização sobre as mudanças no mundo do trabalho.

- **Foco em Habilidades Complementares à IA:** Além das habilidades técnicas, há um reconhecimento crescente da importância de desenvolver competências que a IA não replica facilmente, como inteligência emocional, liderança, resolução de problemas complexos e pensamento ético. O profissional do futuro é visto como alguém com múltiplas competências, capaz de colaborar efetivamente com sistemas inteligentes.
- **Modelos de Aprendizagem Híbridos:** Combinando aprendizado online com workshops presenciais, projetos práticos e mentoria para uma experiência de requalificação mais completa e eficaz.

Desafios na Requalificação:

- **Escala e Velocidade:** A necessidade de requalificar milhões de trabalhadores em um curto espaço de tempo é um desafio logístico e financeiro considerável.
- **Acesso e Equidade:** Garantir que as oportunidades de requalificação sejam acessíveis a todos, independentemente de sua localização, nível socioeconômico ou formação anterior.

- **Engajamento e Motivação:** Incentivar os trabalhadores a se engajarem no aprendizado contínuo, especialmente aqueles em funções mais tradicionais ou com menor familiaridade com tecnologia.
- **Alinhamento com as Demandas do Mercado:** Assegurar que os programas de requalificação estejam verdadeiramente alinhados com as habilidades que os empregadores estão buscando e com as futuras tendências do mercado.

A requalificação não é apenas sobre aprender a usar novas ferramentas, mas sobre desenvolver uma mentalidade de crescimento e adaptabilidade. As organizações que investem no desenvolvimento de seus talentos e os indivíduos que buscam ativamente novas competências estarão mais bem preparados para prosperar na era da IA.

2.3 Criação de Novos Empregos

Embora a automação impulsionada pela Inteligência Artificial levante preocupações sobre a substituição de empregos existentes, ela também é um motor significativo para a criação de novas funções e oportunidades de carreira, muitas das quais não existiam há uma década. A transformação digital e a crescente integração da IA em todos os setores da economia estão gerando demanda por profissionais com novas habilidades e especializações.

Projeções e Tipos de Novos Empregos (2023-2025 e além):

- **Saldo Líquido Positivo:** Relatórios, como os do Fórum Econômico Mundial, sugerem que, embora alguns empregos sejam deslocados, o número de novos empregos criados pela IA e tecnologias relacionadas pode ser maior. Um relatório mencionou a criação de 97 milhões de novas funções até 2025, superando os 85 milhões de empregos que poderiam ser eliminados. Outras projeções indicam a criação de milhões de novos postos de trabalho ligados à IA até 2030.

- **Profissionais Especializados em IA e Dados:**
    - **Engenheiros de IA e Machine Learning:** Desenvolvem, treinam e implementam modelos de IA.
    - **Cientistas de Dados e Analistas de Big Data:** Coletam, processam, analisam e interpretam grandes volumes de dados para extrair insights valiosos e informar a tomada de decisões.
    - **Especialistas em Ética e Governança de IA:** Garantem que os sistemas de IA sejam desenvolvidos e utilizados de forma responsável, justa e transparente, abordando vieses e implicações sociais.
    - **Engenheiros de Prompt:** Especialistas em formular as perguntas e instruções

corretas para extrair o máximo de valor dos modelos de IA generativa.

- o **Curadores de Dados e Anotadores de Dados:** Preparam e rotulam dados de alta qualidade para treinar modelos de IA.

- **Funções de Interface Humano-Máquina:**
  - o **Especialistas em Experiência do Usuário (UX) para IA:** Projetam interfaces intuitivas e eficazes para interação com sistemas de IA.
  - o **Treinadores de IA e Supervisores de Algoritmos:** Monitoram, ajustam e "ensinam" sistemas de IA para melhorar seu desempenho e garantir que operem conforme o esperado.
  - o **Profissionais de "Human-in-the-Loop":** Trabalham em colaboração com a IA, onde a máquina realiza parte da tarefa e o humano intervém para validação, correção ou etapas que exigem julgamento complexo.

- **Especialistas em Implementação e Manutenção de IA:**
  - o **Arquitetos de Soluções de IA:** Projetam como as tecnologias de IA podem ser integradas aos sistemas e processos de negócios existentes.
  - o **Especialistas em Cibersegurança para IA:** Protegem sistemas de IA contra ataques

e garantem a segurança dos dados que eles processam.

- **Novas Funções em Setores Transformados pela IA:**
  - o **Especialistas em Saúde Digital e Telemedicina com IA:** Utilizam IA para diagnósticos remotos, monitoramento de pacientes e gestão de saúde personalizada.
  - o **Gerentes de Automação e Robótica:** Supervisionam a implementação e operação de sistemas automatizados em fábricas, armazéns e outros ambientes.
  - o **Consultores de Transformação Digital com IA:** Ajudam empresas a adotar e integrar estrategicamente a IA em suas operações.

- **Profissões que Exigem Criatividade e Habilidades Interpessoais Aumentadas pela IA:**
  - o **Criadores de Conteúdo Assistido por IA:** Utilizam ferramentas de IA generativa para produzir textos, imagens, vídeos e música, focando na curadoria, edição e direção criativa.
  - o **Educadores e Treinadores Especializados em Ferramentas de IA:** Ensinam outros a usar e se beneficiar das tecnologias de IA.

É importante notar que muitas dessas novas funções exigirão uma combinação de habilidades técnicas e "humanas", como pensamento crítico, resolução de problemas, comunicação e colaboração. A capacidade de aprender continuamente e adaptar-se a novas tecnologias será crucial. Embora haja uma promessa significativa de criação de novos empregos, especialmente em áreas como TI, energia renovável, saúde e educação, a transição exigirá investimentos substanciais em educação e requalificação para preparar a força de trabalho para essas novas oportunidades.

2.4 Caso Prático: Redefinição do Mercado de Trabalho pela IA - Amazon

A Amazon continua sendo um exemplo proeminente e multifacetado de como a Inteligência Artificial (IA) está redefinindo o mercado de trabalho, tanto em suas operações internas quanto nos serviços que oferece a outras empresas. A companhia utiliza IA em uma vasta gama de aplicações, desde a automação de seus gigantescos centros de distribuição até a personalização da experiência do cliente em sua plataforma de e-commerce e o desenvolvimento de tecnologias de ponta através da Amazon Web Services (AWS).

IA nos Centros de Distribuição e Logística:

- **Robótica Avançada:** Os armazéns da Amazon são conhecidos pelo uso extensivo de robôs (anteriormente Kiva Systems, agora Amazon Robotics) que movimentam prateleiras de produtos, otimizam o armazenamento e auxiliam no processo de separação de pedidos. Isso aumentou drasticamente a eficiência e a velocidade das operações.

- **Otimização de Rotas e Entregas:** A IA é usada para otimizar as rotas de entrega, prever demandas e gerenciar a complexa cadeia logística, visando entregas mais rápidas e custos menores.

- **Novas Funções e Requalificação:** Embora a automação assuma tarefas repetitivas, a Amazon também criou novas funções relacionadas à manutenção desses sistemas robóticos, supervisão de processos automatizados e desenvolvimento de novas tecnologias de automação. A empresa investiu em programas de requalificação para seus funcionários, como o "Career Choice", para ajudá-los a adquirir habilidades para funções em demanda, dentro ou fora da Amazon.

-

Amazon Web Services (AWS) e a Democratização da IA:

- **Plataforma de IA e Machine Learning:** A AWS oferece um conjunto abrangente de serviços de IA e ML (como Amazon SageMaker, Rekognition, Polly, Lex) que permitem que empresas de todos os tamanhos, desde startups até grandes corporações, desenvolvam e implementem suas próprias aplicações de IA sem a necessidade de grandes investimentos em infraestrutura. Isso impulsiona a criação de novos produtos, serviços e, consequentemente, empregos em todo o ecossistema de tecnologia.

- **Fomentando a Inovação:** Ao facilitar o acesso a ferramentas de IA poderosas, a AWS desempenha um papel crucial na aceleração da inovação e na criação de novas oportunidades de negócios baseadas em IA em diversos setores.

Alexa e a Interação por Voz:

- **Assistente Virtual e Ecossistema:** O Amazon Alexa, um assistente virtual alimentado por IA, transformou a interação dos usuários com a tecnologia em casa e em outros ambientes. Ele também criou um novo ecossistema para desenvolvedores criarem "skills" (aplicativos de voz), gerando oportunidades para programadores, designers de interação por voz e especialistas em PLN.

Desafios e Controvérsias Recentes (2023-2025):

- **Monitoramento e Condições de Trabalho:** A Amazon enfrentou críticas e escrutínio contínuos sobre as condições de trabalho em seus armazéns, incluindo o uso de sistemas de IA para monitorar a produtividade dos funcionários, o que levantou debates sobre privacidade, pressão excessiva e o bem-estar dos trabalhadores.

- **Tecnologia "Just Walk Out":** A tecnologia "Just Walk Out" da Amazon, que permitia aos clientes fazer compras em lojas físicas sem passar por um caixa tradicional, foi alvo de reportagens (como uma da Wired em abril de 2024) que questionaram a extensão da automação real, sugerindo uma dependência significativa de revisores humanos remotos, o que matiza a narrativa de uma automação completa por IA nesse caso específico e levanta discussões sobre a transparência da tecnologia.

- **Investimentos Estratégicos em IA:** Apesar das controvérsias, a Amazon continua a investir pesadamente em IA. Recentemente, foram anunciados grandes investimentos, como os mais de US$ 5 bilhões em parceria com a Humain para acelerar a adoção de IA na Arábia Saudita, indicando o compromisso contínuo da empresa com a expansão de suas capacidades e influência no campo da IA globalmente. A empresa também aposta em novas profissões que surgirão na interface entre humanos e IA.

Conclusão do Caso Prático:

O caso da Amazon ilustra vividamente a dualidade da IA no mercado de trabalho: um motor de incrível eficiência, inovação e criação de novas oportunidades, mas também uma fonte de desafios relacionados às condições de trabalho, à necessidade de requalificação em massa e a debates éticos sobre o uso da tecnologia. A trajetória da Amazon continua a ser um importante estudo de caso sobre como uma grande empresa global navega pela complexa transformação impulsionada pela IA, com lições valiosas para outras organizações e para a sociedade como um todo ao ponderar o futuro do trabalho.

Capítulo 3: Avanços na Saúde

A inteligência artificial (IA) está catalisando uma revolução sem precedentes no campo da medicina e dos cuidados de saúde, prometendo não apenas otimizar processos existentes, mas fundamentalmente transformar a maneira como prevenimos, diagnosticamos, tratamos e gerenciamos doenças. A capacidade da IA de analisar vastos e complexos conjuntos de dados médicos – desde imagens e registros genômicos até históricos de pacientes e dados de wearables – com velocidade e precisão que transcendem as capacidades humanas está impulsionando avanços significativos. Um dos impactos mais promissores reside no diagnóstico precoce de doenças, onde algoritmos de aprendizado de máquina estão demonstrando uma habilidade notável para identificar sinais sutis de patologias em estágios iniciais, muitas vezes antes que se manifestem clinicamente ou sejam detectáveis por métodos tradicionais. Esta detecção antecipada é crucial, pois frequentemente se traduz em tratamentos mais eficazes, melhores prognósticos e, em última análise, na capacidade de salvar vidas.

O incremento do uso de IA para detecção precoce de doenças, juntamente com inovações em terapias (como as baseadas em RNA) e o avanço da robótica no cuidado médico, são tendências tecnológicas chave que devem marcar o setor da saúde nos próximos meses e anos.

IA no Diagnóstico Precoce:

- **Oncologia:** A IA tem se mostrado uma ferramenta poderosa na detecção precoce de diversos tipos de câncer. Algoritmos analisam imagens de mamografias, tomografias computadorizadas e ressonâncias magnéticas para identificar tumores malignos com alta precisão. Pesquisas recentes (2023-2025) demonstram a capacidade da IA em medir a agressividade do câncer, utilizando a expressão proteica para compor índices que analisam a semelhança de um tumor com células-tronco, abrindo caminhos para novas terapias. Um estudo de 2023 publicado na *BMJ Oncology* apontou um crescimento de 79% na incidência de câncer de início precoce (em adultos com menos de 50 anos) entre 1990 e 2019, ressaltando a urgência de diagnósticos mais ágeis.

- **Cardiologia:** Modelos de IA analisam eletrocardiogramas (ECGs) para detectar arritmias e outros sinais precoces de doenças cardíacas, muitas vezes com precisão comparável ou superior à de especialistas. A análise de imagens da retina com IA também revelou potencial para avaliar riscos cardiovasculares.

- **Neurologia:** A IA está sendo aplicada na detecção precoce de doenças neurodegenerativas como Alzheimer e Parkinson, analisando padrões de fala, escrita, movimento ou até mesmo alterações sutis em exames de imagem. A Universidade Federal da Paraíba (UFPB), por exemplo, tem estudado o uso de IA para diagnosticar essas condições através de alterações na voz.

- **Oftalmologia:** A detecção de retinopatia diabética a partir de imagens da retina é uma das aplicações mais bem-sucedidas e validadas da IA, como demonstrado pelo trabalho do Google Health.

- **Doenças Ginecológicas:** A IA está se consolidando como uma ferramenta para aprimorar a precisão e eficiência no diagnóstico de doenças ginecológicas, como na triagem de câncer cervical (Papanicolau e DNA-HPV) e na interpretação de ultrassonografias e ressonâncias magnéticas.

Apesar dos avanços, desafios como a validação externa e generalização dos modelos, a integração com sistemas hospitalares existentes e a necessidade de grandes bases de dados ainda persistem.

3.1 Terapias Personalizadas

As terapias personalizadas, também conhecidas como medicina de precisão, representam uma mudança de paradigma no tratamento de doenças, afastando-se de uma abordagem "tamanho único" para um cuidado individualizado, moldado pelas características genéticas, estilo de vida e ambiente de cada paciente. A Inteligência Artificial desempenha um papel crucial nessa revolução, ao capacitar a análise de enormes volumes de dados biomédicos para identificar biomarcadores, prever respostas a tratamentos e desenvolver intervenções terapêuticas sob medida.

Avanços Recentes e Aplicações (2023-2025):

- **Descoberta e Desenvolvimento de Medicamentos Acelerados por IA:** A IA está transformando a indústria farmacêutica, especialmente na descoberta de novos medicamentos. Algoritmos podem analisar rapidamente vastas bibliotecas de compostos químicos, prever suas interações com alvos biológicos e otimizar o design de moléculas candidatas, reduzindo drasticamente o tempo e o custo do desenvolvimento de fármacos. A combinação de IA, big data e dados clínicos do mundo real (Real-World Evidence - RWE) fortalece essa abordagem.

- **Terapias Genômicas e Celulares:** A IA é fundamental para analisar dados genômicos complexos, identificar mutações causadoras de doenças e projetar terapias gênicas ou celulares personalizadas. Isso é particularmente promissor para doenças raras e certos tipos de câncer. A medicina personalizada e as terapias genômicas são tendências fortes para 2025 na indústria farmacêutica.

- **Oncologia de Precisão:** No tratamento do câncer, a IA auxilia na identificação de perfis moleculares de tumores, permitindo a seleção da terapia-alvo mais eficaz para cada paciente, minimizando efeitos colaterais e melhorando os desfechos. A IA generativa, por exemplo, pode resumir vastos relatórios históricos para fornecer às equipes de atendimento informações imediatas sobre o histórico de um paciente com câncer.

- **Farmacogenômica:** A IA ajuda a prever como um indivíduo responderá a um determinado medicamento com base em seu perfil genético, permitindo o ajuste de dosagens ou a escolha de fármacos alternativos para maximizar a eficácia e reduzir o risco de reações adversas.

- **IA Generativa como Assistente Virtual:** Profissionais de saúde estão utilizando IA generativa para organizar anotações clínicas, simplificar a comunicação de informações do paciente entre equipes e até traduzir informações médicas complexas em termos leigos, engajando mais os pacientes em seus próprios cuidados. Líderes de saúde planejam investir significativamente em IA generativa nos próximos anos para aliviar a carga de trabalho dos profissionais.

A personalização dos tratamentos não só melhora os resultados clínicos, mas também pode reduzir custos ao evitar terapias ineficazes. No entanto, a implementação generalizada enfrenta desafios como a necessidade de infraestrutura de dados robusta, questões de privacidade e o custo de algumas dessas terapias avançadas.

3.2 Robótica Cirúrgica

A robótica cirúrgica, cada vez mais integrada com Inteligência Artificial, está transformando a sala de cirurgia, oferecendo níveis sem precedentes de precisão, controle e visualização para os cirurgiões. Esses sistemas não substituem os cirurgiões, mas atuam como ferramentas avançadas que aprimoram suas habilidades, permitindo procedimentos menos invasivos, com menor tempo de recuperação e melhores resultados para os pacientes.

Inovações e Tendências (2023-2025):

- **Sistemas Robóticos Mais Inteligentes:** Plataformas cirúrgicas robóticas, como o conhecido sistema Da Vinci, estão sendo aprimoradas com capacidades de IA. Isso inclui melhorias na visão computacional para identificar estruturas anatômicas críticas, sobreposição de imagens pré-operatórias (como tomografias) no campo de visão do cirurgião em tempo real, e análise de dados intraoperatórios para fornecer feedback e insights.

- **Automação de Tarefas Repetitivas:** A IA pode auxiliar na automação de tarefas cirúrgicas repetitivas ou altamente padronizadas, como suturas ou movimentos precisos, permitindo que o cirurgião se concentre em aspectos mais críticos e complexos do procedimento.

- **Navegação e Planejamento Cirúrgico Aprimorados:** A IA auxilia no planejamento pré-operatório, criando modelos 3D detalhados da anatomia do paciente e simulando diferentes abordagens cirúrgicas. Durante a cirurgia, a IA pode ajudar na navegação precisa dos instrumentos.

- **Microrrobôs e Nanorrobôs:** Embora ainda em estágios iniciais de pesquisa e desenvolvimento para aplicações clínicas amplas, há um grande interesse em microrrobôs que poderiam realizar procedimentos minimamente invasivos em escalas ainda menores, como a entrega direcionada de medicamentos ou a reparação de tecidos em nível celular.

- **Realidade Aumentada (AR) e Realidade Virtual (VR) na Cirurgia:** A combinação de robótica com AR e VR permite que os cirurgiões visualizem informações críticas diretamente sobre o paciente ou em simulações realistas para treinamento e planejamento.

- **Novos Players e Atualizações de Sistemas:** Empresas como Medtronic (com o sistema Hugo e a futura plataforma LUNA, que inclui controle de câmera acionado por IA) e Intuitive Surgical continuam a inovar em seus sistemas. Apenas uma pequena porcentagem das cirurgias globalmente ainda são realizadas com auxílio de robôs, indicando um vasto potencial de crescimento, apesar dos custos.

- **Benefícios:** Os principais benefícios incluem incisões menores, menor perda de sangue, redução da dor pós-operatória, menor tempo de internação e recuperação mais rápida.

Desafios:

- **Custo Elevado:** Os sistemas de robótica cirúrgica são caros, o que pode limitar sua disponibilidade, especialmente em sistemas de saúde com recursos limitados.

- **Curva de Aprendizagem:** Cirurgiões e equipes médicas precisam de treinamento extensivo para utilizar esses sistemas de forma eficaz e segura.

- **Questões Éticas e de Responsabilidade:** A responsabilidade em caso de erro durante uma cirurgia assistida por IA precisa ser claramente definida.

- **Infraestrutura e Segurança de Dados:** É necessária uma infraestrutura robusta para processar e transmitir dados com segurança durante os procedimentos.

Apesar dos desafios, a tendência é que a robótica cirúrgica com IA se torne cada vez mais integrada à prática médica, tornando as cirurgias mais seguras, precisas e menos invasivas.

3.3 Gestão de Condições Crônicas com a IA

A gestão de condições crônicas, como diabetes, doenças cardíacas, doenças respiratórias e condições neurológicas, representa um dos maiores desafios para os sistemas de saúde em todo o mundo. A Inteligência Artificial está emergindo como uma ferramenta poderosa para transformar o acompanhamento e tratamento dessas doenças, oferecendo soluções personalizadas, proativas e preditivas que podem melhorar significativamente a qualidade de vida dos pacientes e otimizar os recursos de saúde.

Inovações e Aplicações (2023-2025):

- **Monitoramento Remoto Inteligente de Pacientes:** Dispositivos vestíveis (wearables) e sensores domésticos equipados com IA coletam continuamente dados vitais e comportamentais dos pacientes (como níveis de glicose, pressão arterial, padrões de sono, atividade física). Algoritmos de IA analisam esses dados em tempo real para detectar alterações sutis que possam indicar uma piora da condição ou o risco de um evento agudo, alertando pacientes e profissionais de saúde.

- **Análise Preditiva e Intervenção Precoce:** A IA pode analisar grandes conjuntos de dados de pacientes para identificar padrões e prever a probabilidade de exacerbações, complicações ou a progressão de doenças crônicas. Isso permite intervenções preventivas e proativas, como ajustes na medicação, mudanças no estilo de vida ou consultas médicas antecipadas, evitando hospitalizações e melhorando os resultados a longo prazo.

- o Por exemplo, em 2018, uma parceria entre o Watson (IA da IBM) e a Sugar.IQ ajudou consumidores a evitar episódios de hipoglicemia com base em medições prévias. Pesquisas recentes também apontam para o uso da IA no monitoramento da progressão de nefropatia diabética.

- **Planos de Tratamento Personalizados e Adaptativos:** Com base nos dados individuais do paciente, histórico médico, fatores genéticos e preferências, a IA pode ajudar a criar e ajustar continuamente planos de tratamento personalizados. Isso inclui recomendações de dosagem de medicamentos, planos de dieta e exercícios, e estratégias de manejo comportamental.

- **Chatbots e Assistentes Virtuais para Suporte ao Paciente:** Chatbots com IA podem fornecer suporte educacional, responder a perguntas frequentes, enviar lembretes de medicação e consultas, e ajudar os pacientes a monitorar seus sintomas e aderir aos seus planos de tratamento. Eles oferecem um canal de comunicação acessível e disponível 24/7.

- **Otimização da Jornada do Paciente:** A IA pode ajudar a coordenar os cuidados entre diferentes profissionais de saúde, agendar consultas e exames de forma eficiente e garantir que os pacientes recebam o acompanhamento necessário, melhorando a experiência geral do paciente e a eficiência do sistema de saúde. A IA generativa pode atuar como um assistente para organizar anotações clínicas e facilitar a comunicação entre equipes.

- **IA Agêntica como Promessa para 2025:** A IA agêntica, capaz de entender contexto e tomar decisões de forma mais autônoma, é uma promessa de inovação, podendo levar a assistentes de saúde virtuais ainda mais proativos e personalizados.

A telemedicina, impulsionada também pela IA, está se tornando um ecossistema digital completo, permitindo acompanhamento contínuo e acesso facilitado aos cuidados, especialmente para pacientes com condições crônicas em áreas remotas.

Contudo, a implementação dessas soluções requer atenção à privacidade e segurança dos dados de saúde, à necessidade de garantir a equidade no acesso a essas tecnologias e à importância da validação clínica rigorosa dos algoritmos de IA.

3.4 Caso Prático: Diagnóstico Precoce de Doenças com a IA - Google Health e Outras Iniciativas

O Google Health tem sido um protagonista no desenvolvimento e aplicação de Inteligência Artificial para o diagnóstico precoce de doenças, servindo como um caso emblemático do potencial transformador dessa tecnologia. Seus projetos demonstram como a IA pode analisar dados médicos complexos, como imagens, para identificar sinais de doenças com uma precisão que muitas vezes rivaliza ou supera a de especialistas humanos, possibilitando intervenções mais rápidas e eficazes.

Iniciativas do Google Health (com atualizações 2023-2025):

- **Detecção de Retinopatia Diabética:** Um dos projetos mais conhecidos do Google Health envolve o uso de algoritmos de aprendizado profundo para analisar imagens da retina e detectar sinais de retinopatia diabética, uma das principais causas de cegueira em adultos. O sistema demonstrou alta precisão e tem sido implementado em programas de triagem em alguns países, como Índia e Tailândia, para ampliar o acesso ao diagnóstico.

- **Triagem de Câncer de Mama:** O Google desenvolveu modelos de IA para melhorar a precisão da detecção de câncer de mama em mamografias. Em estudos, esses modelos mostraram potencial para reduzir tanto os falsos positivos (evitando biópsias desnecessárias e ansiedade para as pacientes) quanto os falsos negativos (detectando cânceres que poderiam passar despercebidos). Pesquisas publicadas indicaram reduções significativas em falsos negativos (9,4%) e falsos positivos (5,7%) com a IA analisando mamografias rapidamente.

- **Diagnóstico de Anemia e Riscos Cardiovasculares por Meio de Imagens Oculares:** O Google Health explorou o uso de IA para detectar sinais de anemia (quantificando níveis de hemoglobina) e fatores de risco cardiovascular a partir de fotografias da retina, abrindo a possibilidade de exames não invasivos para essas condições.

- **Melhora no Acesso a Informações sobre Doenças de Pele:** Uma ferramenta do Google compatível com centenas de condições de pele, incluindo as mais comuns e pesquisadas, teve destaque em publicações como *Nature Medicine* e *JAMA Network Open*, visando auxiliar na identificação de problemas dermatológicos.

- **IA do Google Cloud na Saúde Latino-Americana:** O Google Cloud tem destacado diversos casos de uso de IA na saúde na América Latina. Um exemplo é a Fundação Hemominas no Brasil, que utiliza IA do Google Cloud para automatizar tarefas como agendamento de doações de sangue, otimizando estoques e aumentando o número de doadores.

Outras Iniciativas Relevantes em IA para Diagnóstico (2023-2025):

Além do Google, inúmeras outras instituições de pesquisa, startups de healthtech e grandes empresas estão avançando no uso da IA para diagnóstico precoce:

- **Startups Inovadoras:** Empresas como Ezra e Qure.ai estão desenvolvendo soluções de IA para detecção precoce de doenças, tornando exames médicos mais acessíveis e eficientes. No Brasil, startups também têm utilizado IA para detectar câncer de mama, contribuindo para diagnósticos mais ágeis.

- **IA na Patologia:** A pesquisa em IA na patologia demonstra seu potencial para melhorar o diagnóstico e o prognóstico, especialmente em casos de câncer, com estudos mostrando aumento na precisão diagnóstica. A telepatologia, combinada com IA, permite diagnósticos remotos e mais rápidos de lâminas digitalizadas.

- **Aplicações Diversificadas:** A IA está sendo aplicada para diagnósticos em diversas especialidades, incluindo pneumologia (interpretação de testes de função pulmonar), gastroenterologia (identificação de câncer pancreático precoce) e neurologia (detecção de epilepsia através de dispositivos inteligentes).

Impacto e Desafios:

Esses avanços representam um salto significativo na capacidade de diagnóstico precoce, oferecendo a possibilidade de tratamentos mais eficazes e melhores taxas de sobrevivência. A IA no diagnóstico também promete tornar os serviços de saúde mais acessíveis, especialmente em regiões com escassez de especialistas, e mais eficientes, ao agilizar a análise de grandes volumes de exames.

No entanto, a implementação dessas tecnologias enfrenta desafios contínuos:

- **Validação Clínica Robusta:** É essencial que os algoritmos de IA passem por validação clínica rigorosa em populações diversas para garantir sua segurança e eficácia antes da adoção em larga escala.

- **Integração nos Fluxos de Trabalho Clínico:** As ferramentas de IA precisam ser integradas de forma suave e eficiente nos fluxos de trabalho existentes dos profissionais de saúde.

- **Questões Éticas e de Privacidade:** A proteção dos dados sensíveis dos pacientes e a garantia de que os algoritmos não perpetuem vieses são cruciais.

- **Aceitação por Profissionais e Pacientes:** Construir confiança na IA como uma ferramenta de apoio ao diagnóstico é fundamental para sua adoção.

- **Regulamentação:** É necessário um arcabouço regulatório claro para aprovação e supervisão de dispositivos médicos e algoritmos baseados em IA.

O papel da IA no diagnóstico não é substituir o médico, mas sim atuar como uma ferramenta poderosa de auxílio, aprimorando a capacidade humana de detectar doenças precocemente e tomar decisões mais informadas. À medida que a tecnologia continua a evoluir e os desafios são abordados, a IA está destinada a se tornar uma parte cada vez mais integral da prática médica diagnóstica.

Capítulo 4: Impacto na Educação

A Inteligência Artificial (IA) está deixando de ser uma promessa futurista para se consolidar como uma força transformadora no cerne da educação. Seu impacto transcende a simples digitalização de processos, abrindo caminho para uma reconfiguração fundamental das abordagens pedagógicas, da personalização do ensino-aprendizagem, da avaliação, do desenvolvimento de currículos e da própria gestão educacional. No horizonte de 2024-2025, observamos não apenas o amadurecimento de tendências anteriores, mas o surgimento de inovações disruptivas que prometem tornar a educação mais dinâmica, inclusiva, eficaz e alinhada às demandas do século XXI. A meta é capacitar educadores com ferramentas poderosas e oferecer aos estudantes experiências de aprendizado verdadeiramente individualizadas e engajadoras, sem, contudo, negligenciar os cruciais debates éticos e a necessidade de um desenvolvimento centrado no ser humano.

4.1 Personalização da Aprendizagem em Escala: A Nova Fronteira

A personalização da aprendizagem, há muito idealizada, encontra na IA a tecnologia chave para sua concretização em larga escala. Superando o modelo de "tamanho único", a IA permite que a jornada educacional de cada aluno seja moldada de acordo com suas necessidades, ritmo, estilo de aprendizagem e interesses particulares. Essa abordagem não apenas otimiza a aquisição de conhecimento, mas também fomenta o engajamento, a autonomia e a curiosidade do estudante.

Novidades e Mecanismos Avançados (2024-2025):

- **Hiperpersonalização com IA Generativa:** Além dos sistemas adaptativos tradicionais, a IA generativa (como os modelos de linguagem grandes - LLMs) está permitindo a criação de conteúdo educacional – explicações, exemplos, problemas e até mesmo diálogos socráticos – que é dinamicamente gerado e ajustado para cada aluno. Isso significa que dois alunos estudando o mesmo tópico podem interagir com materiais e abordagens distintas, otimizadas para suas lacunas de conhecimento e formas preferidas de aprender.

- **Análise Preditiva para Intervenção Precoce:** Algoritmos mais sofisticados estão analisando uma gama maior de dados do aluno (incluindo interações em plataformas, respostas emocionais inferidas por meio de análise de texto ou vídeo, e padrões de estudo) para prever com maior acurácia dificuldades de aprendizado, risco de desengajamento ou evasão. Isso permite que educadores e sistemas intervenham proativamente com suporte direcionado.

- **Microlearning Estratégico e Adaptativo:** A IA facilita a entrega de conteúdo em pequenas doses (microlearning), adaptando a complexidade e o sequenciamento dessas "pílulas de conhecimento" com base no progresso do aluno. Essa abordagem é particularmente eficaz para manter o engajamento e facilitar a retenção em um mundo com excesso de informações.

- **Mapeamento de Competências e Recomendações de Carreira:** Plataformas de IA estão começando a ir além do conteúdo curricular tradicional, ajudando os alunos a identificar suas competências, interesses e aptidões, e correlacionando-os com possíveis trilhas de carreira, sugerindo cursos e habilidades a serem desenvolvidas. O ensino baseado em competências, alinhado com as demandas do mercado, ganha força.

- **Desenvolvimento de Habilidades Socioemocionais (Soft Skills):**
  Surpreendentemente, a IA também se mostra uma aliada no desenvolvimento de soft skills. Ferramentas de aprendizado adaptativo podem identificar sinais de desengajamento ou dificuldades emocionais, sugerindo intervenções. Chatbots e simulações em realidade virtual (VR) ou aumentada (AR) podem oferecer ambientes seguros para os alunos praticarem resolução de conflitos, comunicação empática e colaboração.

Plataformas como a **Carnegie Learning** continuam a ser exemplos, utilizando IA para simular tutores humanos e personalizar a experiência de aprendizado individual. A chave para o sucesso dessas abordagens reside na qualidade dos dados, na robustez dos algoritmos e, fundamentalmente, na integração inteligente com a mediação pedagógica do educador.

4.2 Sistemas Adaptativos Inteligentes e Tutores Virtuais Avançados

Os sistemas adaptativos de IA e os tutores virtuais inteligentes representam a vanguarda da personalização educacional, funcionando como parceiros de aprendizado dinâmicos e responsivos para cada estudante. Eles vão além de simples sequências de conteúdo, buscando compreender profundamente o estado de conhecimento do aluno e suas necessidades para oferecer suporte "just-in-time".

Inovações e Funcionalidades (2024-2025):

- **Tutores de IA Conversacionais e Empáticos:** Impulsionados por LLMs mais avançados, os novos tutores de IA não apenas respondem a perguntas, mas podem engajar os alunos em diálogos complexos, fazer perguntas investigativas para estimular o pensamento crítico e até mesmo adaptar seu tom e estilo de comunicação para melhor se conectar com o aluno. O desenvolvimento de "empatia digital" em assistentes virtuais é uma área de pesquisa ativa.

- **Modelagem Cognitiva Detalhada:** Sistemas mais recentes buscam criar modelos cognitivos mais granulares dos alunos, identificando não apenas *o que* eles sabem, mas *como* eles pensam e aprendem, incluindo a detecção de concepções errôneas específicas e a oferta de estratégias de remediação personalizadas.

- **Suporte Multimodal:** Tutores virtuais estão começando a interagir através de múltiplos canais – texto, voz, e até mesmo interpretando inputs visuais (como a resolução de um problema em um quadro branco digital). Plataformas educacionais com assistentes de IA podem oferecer explicações, exemplos e feedback em tempo real, sendo especialmente úteis para revisões fora do horário de aula.

- **IA para Necessidades Educacionais Especiais (NEE):** Este é um campo de avanço significativo.
  - **Ferramentas de Acessibilidade Aprimoradas:** Softwares de tradução de linguagem de sinais em tempo real, reconhecimento de fala para texto (e vice-versa) com alta precisão (ex: Google Live Transcribe), e legendas automáticas estão tornando o conteúdo mais acessível para estudantes surdos ou com dificuldades auditivas.

  - **Adaptação para Neurodiversidade:** A IA pode ajudar a criar interfaces e materiais de aprendizagem adaptados para alunos com dislexia, TDAH, autismo e outras condições neurodivergentes, ajustando o layout do texto, o ritmo da informação e minimizando distrações.

  - **Identificação Precoce de Dificuldades:** Algoritmos podem analisar padrões de interação e desempenho para ajudar a identificar precocemente sinais de dificuldades de aprendizagem, permitindo intervenções mais rápidas e eficazes.

- **Plataformas de Tutoria Híbrida:** Soluções como o **TutorMundi** exemplificam a abordagem híbrida, onde um tutor de IA (o "Teco") elabora respostas que são, em seguida, revisadas por tutores humanos, garantindo qualidade e confiabilidade. Isso combina a disponibilidade da IA com o toque humano essencial.

A promessa é que esses sistemas atuem como "co-pilotos" para o aprendizado, capacitando os alunos a navegar por seus estudos com maior confiança e suporte individualizado, disponível a qualquer hora e em qualquer lugar.

4.3 Melhoria da Eficácia Educacional e o Papel da IA Generativa

A IA, especialmente em suas formas generativas, está redefinindo o que significa eficácia educacional, oferecendo ferramentas que otimizam desde a criação de conteúdo até a avaliação e o desenvolvimento profissional dos educadores.

Impactos e Novas Aplicações (2024-2025):

- **Criação Acelerada e Personalizada de Conteúdo Curricular:**
    - o Professores podem usar ferramentas de IA generativa (como ChatGPT, Gemini, Claude, ou plataformas especializadas como **Fetchy** e **AIPal**) para gerar rascunhos de planos de aula, resumos de tópicos complexos, listas de vocabulário, bancos de questões para provas, e até mesmo scripts para vídeos educacionais ou simulações. Isso não substitui a expertise do professor, mas agiliza o processo, permitindo que ele se concentre na curadoria, adaptação e no design pedagógico.

    - o A IA pode ajudar a adaptar materiais existentes para diferentes níveis de leitura, idiomas ou para atender a necessidades específicas de alunos, promovendo a inclusão.

- **Revolução na Avaliação:**
    - o **Avaliação Formativa Contínua:** A IA permite a criação de sistemas de avaliação formativa mais dinâmicos, fornecendo feedback

instantâneo e detalhado aos alunos enquanto eles aprendem, e não apenas em momentos pontuais.

- o **Geração de Questões Diversificadas:** Ferramentas como **ClassPoint AI** podem ajudar professores a criar rapidamente diferentes tipos de questões (múltipla escolha, dissertativas, preenchimento de lacunas) com base no conteúdo da aula.

- o **Análise de Respostas Abertas:** Algoritmos de PLN estão se tornando mais capazes de analisar e fornecer feedback preliminar sobre respostas dissertativas, identificando pontos fortes, fracos e áreas para melhoria, embora a avaliação final e a nuances ainda dependam do julgamento do professor.

- o **Detecção de Plágio e Autenticidade:** Ferramentas como **GPTZero** e **CopyLeaks** são cruciais para verificar a originalidade dos trabalhos em uma era de fácil acesso à IA generativa.

- **Suporte à Pesquisa e Geração de Conhecimento:** Para alunos mais velhos e pesquisadores, a IA generativa pode auxiliar na revisão de literatura, na análise de grandes volumes de dados, na geração de hipóteses e até na redação de rascunhos de artigos científicos, liberando tempo para análise crítica e interpretação.

- **Combate à Desinformação:** Com o aumento da IA generativa, também cresce a necessidade de educar os alunos sobre o uso ético dessas ferramentas e sobre como identificar conteúdo gerado por IA e potenciais "alucinações" (informações incorretas geradas pela IA).

- **Realidade Aumentada (AR) e Virtual (VR) Potencializadas por IA:** A IA pode tornar as experiências de AR/VR na educação ainda mais interativas e adaptativas. Por exemplo, um ambiente de laboratório virtual pode reagir de forma inteligente às ações do aluno, ou um personagem histórico em uma simulação de AR pode responder de forma dinâmica e personalizada. Prevê-se que, até 2025, ferramentas digitais imersivas serão tão onipresentes quanto smartphones. Museus, como o Museu do Amanhã no Rio de Janeiro, já utilizam RA para visitas virtuais acessíveis.

No Paraná, Brasil, mais de 500 mil alunos da rede estadual já utilizam diferentes ferramentas de IA em sala de aula, colocando o estado na vanguarda dessa inovação no país.

4.4 Caso Prático: Personalização e Inovação com IA - Duolingo e Outras Plataformas

O **Duolingo** continua sendo um caso emblemático da aplicação bem-sucedida da IA para personalizar o aprendizado de idiomas em massa. Sua recente adoção de uma estratégia "AI First" demonstra um compromisso ainda maior em alavancar a IA para escalar a produção de conteúdo e refinar a experiência do usuário.

Atualizações e Estratégias do Duolingo (2024-2025):

- **Expansão de Cursos com IA:** O Duolingo anunciou o lançamento de 148 novos cursos criados com o auxílio de IA, focados inicialmente em níveis iniciantes, utilizando recursos como "Stories" e "DuoRadio". A empresa declarou que, para ensinar bem, é preciso criar uma quantidade enorme de conteúdo, e fazer isso manualmente não tem escala, justificando o uso intensivo de IA.

- **Duolingo Max com GPT-4:** Lançado em 2023, o Duolingo Max utiliza o GPT-4 para oferecer recursos como "Explique Minha Resposta" (feedback detalhado sobre erros) e "Bate-Papo" (prática de conversação com IA).

- **Foco em Eficiência e Velocidade:** A mudança para "AI First" visa não apenas cortar custos, mas principalmente ganhar velocidade na criação e adaptação de conteúdo, permitindo que a plataforma melhore mais rapidamente.

- **Mudanças na Cultura Interna:** A empresa está redefinindo papéis, priorizando a contratação de profissionais com conhecimento em IA e avaliando o uso da tecnologia no desempenho dos funcionários. O CEO enfatizou que não se trata de substituir todos os funcionários por IA, mas de remover gargalos para que os "Duos excelentes que já temos" possam focar em trabalho criativo e problemas reais, não em tarefas repetitivas.

Outras Ferramentas e Plataformas Inovadoras (2024-2025):

Além do Duolingo, o ecossistema de EdTechs está fervilhando com novas ferramentas de IA:

- **Course Hero:** Utiliza IA para aprimorar o aprendizado e a eficiência acadêmica, oferecendo soluções personalizadas.

- **Gradescope:** Emprega IA para auxiliar na correção de avaliações, permitindo agrupamento de respostas e classificação assistida por IA, visando maior eficiência e justiça.

- **Fetchy:** Ferramenta de IA para auxiliar educadores na criação de materiais para o ensino de artes linguísticas, gerando planos de aula e encontrando experimentos.

- **Magic School AI:** Oferece uma plataforma com diversos recursos para professores, desde planejamento de aulas até criação de avaliações, com uma versão gratuita e planos pagos para uso ilimitado.

- **Plataformas de Gestão Escolar com IA:** Soluções como a integrada ao **Diário Escola** no Brasil utilizam IA para otimizar a comunicação com famílias e a gestão administrativa.

- **Microsoft Reading Coach:** Uma ferramenta de IA da Microsoft focada no desenvolvimento de habilidades de leitura, oferecendo prática personalizada e feedback.

Desafios Éticos e o Futuro:

A crescente sofisticação da IA na educação também intensifica os debates éticos. Questões sobre privacidade de dados dos alunos, vieses algorítmicos, a autenticidade do trabalho do aluno na era da IA generativa, a equidade no acesso a essas ferramentas, e o papel insubstituível da conexão humana e do pensamento crítico são centrais. Guias como o da UNESCO sobre o uso ético da IA generativa na educação buscam orientar essa integração.

O futuro da educação será cada vez mais híbrido, combinando a inteligência artificial – para personalização, eficiência e acesso – com a inteligência e empatia humanas, indispensáveis para inspirar, orientar e desenvolver o potencial integral de cada aluno. A formação contínua de educadores e a criação de políticas claras para o uso responsável da IA são fundamentais para navegar por essa nova era educacional.

Capítulo 5: Inovação em Transporte

O setor de transporte está imerso em uma era de transformação sem precedentes, catapultada pelos avanços exponenciais da Inteligência Artificial (IA). Esta revolução tecnológica não se limita a otimizar sistemas existentes; ela está redefinindo paradigmas de mobilidade, logística e infraestrutura urbana. A IA é o motor por trás do desenvolvimento de veículos autônomos mais capazes, da implementação de sistemas de trânsito verdadeiramente inteligentes e da otimização sofisticada das cadeias de suprimentos globais. O período de 2024-2025 tem sido particularmente fértil em "eventos" – marcos tecnológicos, implementações em larga escala, parcerias estratégicas e um amadurecimento do debate regulatório – que sinalizam um futuro onde o transporte será mais seguro, eficiente, sustentável e intrinsecamente conectado.

5.1 Veículos Autônomos: Da Experimentação à Implantação Cautelosa

Os veículos autônomos (VAs) continuam a ser a vanguarda da inovação no transporte, progredindo dos laboratórios de pesquisa para implementações cada vez mais visíveis no mundo real. Equipados com complexos conjuntos de sensores (LiDAR, radar, câmeras de alta definição), unidades de processamento dedicadas à IA e algoritmos de aprendizado profundo que evoluem constantemente, os VAs prometem redefinir a condução pessoal, o transporte público e a logística de cargas.

Eventos e Desenvolvimentos Notáveis (2024-2025):

- **Consolidação e Expansão Seletiva de Robotáxis:**
  - **Waymo (Alphabet):** Manteve sua posição de liderança, expandindo suas operações comerciais. Um **evento crucial** em março de 2025 foi o anúncio de que a Waymo atingiu a marca de **200.000 corridas pagas por semana** em suas áreas de operação consolidadas (Phoenix, São Francisco, Los Angeles), um crescimento exponencial. Adicionalmente, a empresa formalizou planos de expansão para novas cidades como Austin, e os **mercados acompanharam atentamente a parceria estratégica com a Toyota**, anunciada em abril de 2025, visando integrar a tecnologia Waymo Driver em futuros veículos da montadora japonesa, o que representa um potencial de escala massivo.

  - **Cruise (GM):** O setor testemunhou um **evento de reestruturação significativo** quando, no final de 2024, a General Motors anunciou a descontinuação do serviço de robotáxi da Cruise como uma entidade autônoma, após uma série de incidentes e a suspensão de sua licença na Califórnia. A tecnologia e talentos da Cruise foram redirecionados para o desenvolvimento do sistema de assistência avançada ao motorista (ADAS) da GM, o Super Cruise, ilustrando os desafios técnicos, financeiros e de confiança pública na implantação de robotáxis Nível 4/5 em ambientes urbanos complexos.

- **Baidu Apollo (China):** Demonstrou forte crescimento na China e iniciou uma **expansão internacional estratégica**. Em maio de 2025, a Baidu anunciou o lançamento de operações de teste do seu serviço de robotáxi Apollo Go na Europa, começando pela Suíça em colaboração com a PostAuto, e com planos para a Turquia. Este movimento é visto como uma tentativa de diversificar mercados em meio a um escrutínio crescente sobre empresas de tecnologia chinesas nos EUA.

- **Motional (Hyundai/Aptiv):** Avançou com os testes de seus robotáxis IONIQ 5 em velocidades de rodovia no início de 2025 e progrediu nos planos de produção em massa em seu centro de inovação em Singapura, focando na segurança e na experiência do passageiro.

- **Avanços em Automação de Veículos de Carga:**

  - o O transporte rodoviário de cargas viu **testes promissores**. Um exemplo notável no Brasil em 2024 foi a conclusão de um percurso de 300 km por um caminhão autônomo (Nível 4, com supervisão) em rodovias de Minas Gerais, demonstrando a viabilidade da tecnologia em cenários de longa distância. Empresas de logística continuam a investir em projetos piloto para avaliar a economia de combustível, a redução de custos operacionais e a segurança aprimorada.

- **Tecnologias Embarcadas e Interface Homem-Máquina (IHM):**

  - o A CES 2025 foi um **palco importante** para a demonstração de avanços em IHM para veículos, com IA aprimorando assistentes de voz, personalizando ambientes de cabine com iluminação e temas dinâmicos, e integrando mapeamento avançado e conectividade 5G. Motores gráficos como o Unreal

Engine estão sendo cada vez mais usados para criar essas experiências imersivas.

- **Evolução Regulatória e Ética:**

  - Globalmente, os órgãos reguladores continuam a debater e a implementar legislações para VAs. O Brasil avançou com discussões em torno do PL 1317/23, focando em seguros, homologação, o papel do motorista de segurança e a responsabilidade civil. **Eventos internacionais**, como a aprovação do Automated Vehicles Act no Reino Unido em 2024 (responsabilizando fabricantes por falhas) e a permissão para Nível 4 em vias públicas na Alemanha a partir de 2025, servem como referência.

  - A questão da ética na programação de VAs, especialmente em cenários de acidentes inevitáveis (o "dilema do bonde"), permanece um campo ativo de pesquisa e debate público, com estudos como o da USP em 2023 propondo diretrizes, ainda que sem força de lei.

Apesar do otimismo, a autonomia total (Nível 5) em todas as condições permanece um objetivo de longo prazo, com desafios persistentes em termos de custos, robustez em condições climáticas extremas, interação com tráfego humano imprevisível e a necessidade de uma infraestrutura de conectividade ubíqua e padronizada.

5.2 Sistemas de Trânsito Inteligentes (ITS): Orquestrando a Mobilidade Urbana com IA

Os Sistemas de Trânsito Inteligentes (ITS) representam a aplicação da IA e de tecnologias de comunicação avançadas para criar uma gestão de tráfego mais coesa, responsiva e eficiente. O objetivo é otimizar o uso da infraestrutura existente, aumentar a segurança viária, priorizar o transporte sustentável e melhorar a experiência geral de deslocamento.

Implementações e "Eventos" Destacados (2024-2025):

- **Gestão Semafórica Adaptativa e Preditiva:**

    o A implementação de semáforos controlados por IA que se ajustam dinamicamente aos fluxos de tráfego em tempo real continuou a se expandir. **Casos de estudo em cidades como Amsterdã** mostraram reduções de até 35% nos tempos de espera em semáforos graças à IA que prevê congestionamentos e otimiza os ciclos semafóricos.

    o Em São Paulo, a utilização de câmeras inteligentes integradas a sistemas de controle resultou em uma **queda de 15% nas colisões em cruzamentos**

monitorados e um aumento na eficiência da fiscalização.

- **Avanços na Comunicação Vehicle-to-Everything (V2X):**

    o A tecnologia V2X, que permite a comunicação entre veículos (V2V), entre veículos e a infraestrutura (V2I), pedestres (V2P) e a rede (V2N), é cada vez mais vista como essencial para a próxima geração de ITS e para a segurança dos VAs.

    o **Implementações piloto e testes de interoperabilidade** de V2X com base em 5G foram intensificados em diversas regiões, focando em aplicações como alertas de perigo em tempo real, prevenção de colisões em cruzamentos e otimização de velocidade para "ondas verdes".

- **Centros de Controle de Tráfego Potencializados por IA:**

    o Modernos centros de controle estão utilizando IA para integrar e analisar dados de uma miríade de fontes (sensores de via, câmeras, GPS de veículos, aplicativos de navegação, dados meteorológicos) para obter uma visão holística do trânsito. Isso permite a detecção automática de incidentes (acidentes, veículos quebrados), a previsão de congestionamentos com maior acurácia e a coordenação mais eficaz de respostas.

- **Priorização Inteligente de Transporte Público e Veículos de Emergência:**

  o Sistemas de ITS estão sendo configurados para dar prioridade dinâmica a ônibus e veículos de emergência em cruzamentos semafóricos, reduzindo seus tempos de viagem e melhorando a confiabilidade do transporte público e a resposta a emergências.

- **Plataformas de Mobilidade como Serviço (MaaS) Integradas:**

  o A IA é fundamental para a integração de diversos modais de transporte (público, compartilhado, sob demanda) em plataformas MaaS unificadas, oferecendo aos usuários planejamento de rotas multimodais otimizadas, informações em tempo real e um sistema único de pagamento.

- **Foco na Segurança Viária:**

  - No Brasil, o **Plano de Segurança Viária 2024-2030 do DER-SP** e o PNATRANS enfatizam a necessidade de tecnologias para reduzir fatalidades no trânsito, e os ITS são componentes chave para atingir essas metas através da gestão de velocidade, eliminação de pontos críticos de acidentes e campanhas de segurança informadas por dados.

A expansão dos ITS enfrenta desafios como a necessidade de padronização tecnológica, interoperabilidade entre sistemas de diferentes fornecedores, altos custos de implantação e a garantia da privacidade e segurança dos dados de mobilidade coletados.

5.3 Redução do Congestionamento: IA como Ferramenta Estratégica

O combate ao congestionamento urbano, um problema crônico que afeta a qualidade de vida, a economia e o meio ambiente, recebe um novo arsenal com a aplicação estratégica da Inteligência Artificial. A IA permite abordagens mais dinâmicas, preditivas e coordenadas para otimizar o fluxo de veículos e o uso da infraestrutura viária.

Abordagens Inovadoras e Impactos (2024-2025):

- **Modelagem e Simulação Avançada de Tráfego:** A IA é usada para criar modelos de simulação de tráfego altamente detalhados que podem prever o impacto de diferentes intervenções (novas vias, mudanças nos tempos dos semáforos, políticas de restrição de veículos) antes de sua implementação, auxiliando no planejamento urbano e na tomada de decisões baseadas em evidências.

- **Otimização de Rotas em Tempo Real para Frotas Comerciais:**

    - Empresas de logística e entrega estão utilizando IA para otimizar dinamicamente as rotas de suas frotas, considerando não apenas o tráfego em tempo real, mas também fatores como janelas de entrega, prioridades de clientes e consumo de combustível. Isso reduz o número de quilômetros rodados e a presença de veículos de carga em áreas congestionadas durante horários de pico.

    - **Resultados de eficiência operacional** e redução de custos são os principais motivadores para a adoção dessas tecnologias, com a segurança também sendo um fator importante, visto que tecnologias de IA podem reduzir acidentes em frotas em até 40% através da análise comportamental e alertas preditivos.

- **Gestão Inteligente de Estacionamento:** Sistemas de IA podem monitorar a disponibilidade de vagas de estacionamento em tempo real e guiar os motoristas para os locais disponíveis mais próximos, reduzindo o tempo gasto procurando por vagas, que é um contribuinte significativo para o tráfego de cruzeiro e o congestionamento.

- **Incentivo à Mudança Modal e Horários Flexíveis:** A IA pode ser usada para analisar dados de deslocamento e identificar oportunidades para incentivar o uso do transporte público, bicicletas ou caminhadas, ou para promover horários de trabalho mais flexíveis que diluam os picos de tráfego.

- **Impacto Potencial de Veículos Autônomos Coordenados:** Embora ainda no horizonte, a visão de uma frota significativa de veículos autônomos se comunicando e coordenando seus movimentos (V2V e V2I) sugere um potencial para um fluxo de tráfego muito mais suave e eficiente, com menor necessidade de paradas bruscas e uma utilização otimizada da capacidade das vias.

A efetividade dessas soluções depende da qualidade dos dados, da capacidade de integração entre diferentes sistemas e da colaboração entre autoridades de trânsito, empresas de tecnologia e o público. A IA, nesse contexto, atua como um "cérebro" capaz de processar a complexidade do sistema de mobilidade e identificar as melhores estratégias para reduzir os nós e gargalos que geram os congestionamentos.

5.4 Caso Prático: A Vanguarda Autônoma em Movimento – Waymo e a Competição Global

A jornada da **Waymo**, da Alphabet, continua a ser um dos principais estudos de caso sobre a aplicação prática e a evolução dos sistemas de trânsito inteligentes e da tecnologia de veículos autônomos. No entanto, o cenário de 2024-2025 também foi marcado por movimentos significativos de outros players, refletindo a dinâmica competitiva e os desafios inerentes a este setor.

Waymo: Escalada Operacional e Alianças Estratégicas

- **Crescimento Exponencial em Corridas:** O **evento mais destacado** para a Waymo no início de 2025 foi o anúncio de que seus robotáxis estavam realizando **200.000 corridas pagas por semana** em suas áreas de operação (Phoenix, São Francisco e Los Angeles). Este número representa um aumento dramático e sinaliza uma crescente aceitação e utilização do serviço pelo público, além de uma maior capacidade operacional da empresa.

- **Expansão Geográfica Cautelosa:** A Waymo continuou sua estratégia de expansão gradual, com planos anunciados para levar seus serviços a novas cidades como Austin, demonstrando uma abordagem metódica para entrar em novos mercados.

- **Parceria com a Toyota (Abril de 2025):** A **formação de uma parceria com a Toyota** para colaborar no desenvolvimento e implantação de tecnologia de direção autônoma foi um **acontecimento de grande impacto estratégico**. A união da expertise em IA e software da Waymo com a capacidade de produção em massa e o alcance global da Toyota tem o potencial de acelerar drasticamente a introdução de veículos com altos níveis de autonomia no mercado de consumo.

- **Foco Contínuo em Segurança e Tecnologia:** A Waymo sempre enfatizou seu compromisso com a segurança, acumulando bilhões de milhas em simulação e milhões no mundo real para treinar seu "Waymo Driver", o cérebro de IA de seus veículos.

O Cenário Competitivo e Seus "Eventos":

- **Cruise (GM):** O **revés da Cruise** no final de 2024, com a interrupção de suas operações de robotáxi e a reorientação de seus esforços para o sistema ADAS Super Cruise da GM, serviu como um lembrete dos desafios. Fatores como incidentes de segurança, escrutínio regulatório intenso e os altos custos de operação e desenvolvimento contribuíram para essa mudança, mostrando que o caminho para a autonomia total é árduo e exige capital intensivo e uma tolerância a riscos calculados.

- **Baidu Apollo:** A gigante chinesa Baidu continuou a solidificar sua posição no mercado doméstico e deu um **passo ousado para a expansão internacional**. O anúncio, em maio de 2025, de que o Apollo Go iniciaria testes na Suíça e Turquia sinaliza a ambição global da empresa e a busca por novos mercados, possivelmente para diversificar diante das tensões tecnológicas entre EUA e China.

- **Outros Players (Motional, Tesla, etc.):** Empresas como a Motional (Hyundai/Aptiv) prosseguiram com seus desenvolvimentos, focando na produção e testes de seus robotáxis IONIQ 5. A Tesla, embora com uma abordagem diferente para a autonomia (focada em visão computacional e ADAS avançado com promessas de Full Self-Driving), continua a ser uma força influente, e seus planos para um "robotáxi" próprio, embora com cronogramas repetidamente adiados, ainda geram expectativa.

Conclusão do Cenário:

Os "eventos" no setor de veículos autônomos e sistemas de trânsito inteligentes entre 2024 e 2025 demonstram um campo em vibrante evolução. Observamos uma consolidação em torno de players com forte capacidade tecnológica e financeira, como a Waymo, e a busca por parcerias estratégicas para escalar a produção e a implantação. Ao mesmo tempo, os desafios permanecem imensos, desde a garantia da segurança em todos os cenários operacionais até a navegação em um ambiente regulatório ainda em formação e a construção da confiança pública. A inteligência artificial é, sem dúvida, o motor dessa transformação, mas sua aplicação bem-sucedida no mundo real do transporte exige uma abordagem multidisciplinar, iterativa e profundamente consciente das suas implicações sociais e econômicas.

Capítulo 6: Privacidade e Ética na Era da AI

A ascensão vertiginosa da Inteligência Artificial (IA) em praticamente todas as esferas da atividade humana e da vida cotidiana não apenas desbloqueia potenciais extraordinários, mas também lança uma miríade de complexos desafios éticos e de privacidade que exigem um escrutínio constante e respostas ponderadas. À medida que os sistemas de IA se tornam mais autônomos, mais integrados e mais capazes de processar e gerar informações em escala massiva – especialmente com o advento e a popularização da IA generativa e os debates incipientes sobre a Inteligência Artificial Geral (AGI) – as implicações para os direitos fundamentais, a equidade social e a autonomia individual se tornam ainda mais prementes. O período de 2024-2025 tem sido marcado por um amadurecimento desses debates, impulsionado por "eventos" tecnológicos e regulatórios significativos que forçam a sociedade a confrontar o verdadeiro custo e os contornos da era da IA.

A discussão contemporânea vai além da simples funcionalidade técnica, englobando a necessidade de transparência algorítmica (IA Explicável), a responsabilização por decisões automatizadas, a mitigação de vieses intrínsecos e a proteção contra novas formas de vigilância e manipulação. Dilemas éticos como o impacto no mercado de trabalho, o uso de IA para fins militares e a discriminação algorítmica são temas centrais que permeiam as discussões sobre o futuro da IA. A questão fundamental reside em como garantir que o desenvolvimento e a aplicação da IA sirvam ao bem-estar coletivo e respeitem a dignidade humana, sem exacerbar desigualdades existentes ou criar novas formas de exclusão.

6.1 Desafios à Privacidade na Hiperconectividade da IA

A capacidade da IA de coletar, processar, analisar e inferir informações a partir de vastos conjuntos de dados pessoais representa um dos desafios mais significativos à privacidade individual na era digital. As técnicas de aprendizado de máquina, quando aplicadas a dados de comportamento online, geolocalização, comunicações pessoais, registros de saúde e até mesmo dados biométricos, podem criar perfis incrivelmente detalhados dos indivíduos, muitas vezes sem seu consentimento explícito ou plena compreensão das implicações.

Eventos e Preocupações Intensificadas (2024-2025):

- **Vigilância Ampliada e "Capitalismo de Vigilância":** A proliferação de sensores inteligentes (IoT), câmeras com reconhecimento facial e a coleta onipresente de dados por plataformas online, quando combinados com IA, criam um ecossistema propício à vigilância em massa. O debate sobre o "capitalismo de vigilância", onde dados pessoais são a principal mercadoria, intensificou-se, com preocupações sobre como essa dinâmica afeta a autonomia e a liberdade individual.

- **IA Generativa e Novos Riscos à Privacidade:**
    - **Deepfakes e Roubo de Identidade:** A sofisticação da IA generativa para criar deepfakes (vídeos e áudios falsos ultrarrealistas) levanta sérios riscos de roubo de identidade, difamação e manipulação. Em 2025, espera-se que falsificações de vozes e vídeos sejam cada vez mais usadas em golpes sofisticados.

    - **Privacidade de Dados de Treinamento:** Surgiram questionamentos sobre o uso de grandes volumes de dados pessoais (muitas vezes coletados da internet sem consentimento explícito) para treinar modelos de IA generativa. A FTC (Comissão Federal de Comércio dos EUA) alertou no início de 2025 que seria "injusto e enganoso" alterar políticas de privacidade retroativamente para permitir o uso de dados de usuários no treinamento de IA.

- **Segurança de Dados e Violações Potencializadas por IA:**

  - Ataques cibernéticos estão se tornando mais sofisticados com o uso de IA pelos perpetradores (ex: phishing direcionado elaborado com IA). Ao mesmo tempo, a IA é usada para fortalecer defesas, mas a dependência de sistemas de IA também introduz novos vetores de ataque, como a manipulação maliciosa desses sistemas.

  - A concentração de grandes volumes de dados pessoais em poucas plataformas de IA aumenta o risco e o impacto potencial de violações de dados.

- **Evolução Regulatória e Fiscalização:**

  - No Brasil, a Autoridade Nacional de Proteção de Dados (ANPD) tem intensificado a fiscalização do cumprimento da Lei Geral de Proteção de Dados (LGPD). No final de 2024, cerca de 20 grandes empresas foram notificadas por não conformidades, como a ausência de indicação do Encarregado pelo Tratamento de Dados (DPO).

- Globalmente, o **AI Act da União Europeia**, que avançou significativamente em sua tramitação e começou a ser detalhado em seus aspectos práticos em 2024-2025, estabelece uma abordagem baseada em risco para a regulação da IA, com implicações diretas para a privacidade e o uso de dados em sistemas de IA.

- Nos EUA, embora não haja uma lei federal de privacidade abrangente como a GDPR, debates sobre a necessidade de maior proteção de dados continuam, e a FTC tem assumido um papel mais ativo na fiscalização de práticas de dados consideradas injustas ou enganosas, especialmente no contexto da IA.

- **Dados de Geolocalização e Comunidades Marginalizadas:** A coleta e o uso de dados de geolocalização continuam a ser uma grande preocupação, especialmente pelo potencial de impacto desproporcional em comunidades marginalizadas e seu uso em políticas de vigilância ou deportação.

A tensão entre a inovação impulsionada por dados e o direito fundamental à privacidade exige um equilíbrio delicado, com a necessidade de transparência, minimização da coleta de dados, consentimento informado e mecanismos robustos de responsabilização.

6.2 Desenvolvimento Responsável da IA: Rumo à Governança e Confiabilidade

Diante dos complexos desafios éticos e de privacidade, a comunidade global – incluindo pesquisadores, empresas, governos e sociedade civil – tem intensificado os esforços para promover o "Desenvolvimento Responsável da IA". Este conceito abrange a criação e implementação de sistemas de IA que sejam seguros, justos, transparentes, explicáveis, responsáveis e alinhados com os valores humanos e os direitos fundamentais.

Iniciativas, Frameworks e Tendências (2024-2025):

- **Amadurecimento de Frameworks de Governança de IA:**
  - Empresas e organizações estão cada vez mais adotando ou desenvolvendo frameworks internos de governança de IA. Esses frameworks geralmente incluem princípios éticos, processos de avaliação de impacto, mecanismos de supervisão e diretrizes para o ciclo de vida dos sistemas de IA. No entanto, um relatório do Gartner indicou que, em 2025, mais de 90% dos líderes ainda não se sentiam totalmente preparados para implementar IA de maneira eficaz e com governança adequada.

- A IBM, por exemplo, tem destacado desafios na adoção da IA, como preocupações com precisão e viés dos dados, falta de dados proprietários para personalização de modelos e experiência inadequada em IA generativa, todos com implicações para o desenvolvimento responsável.

- **Foco em IA Explicável (XAI) e Transparência:** A demanda por sistemas de IA cujas decisões possam ser compreendidas por humanos (XAI) continua a crescer. A transparência nos processos de tomada de decisão da IA é vista como fundamental para construir confiança e permitir a responsabilização.

- **Mitigação de Vieses Algorítmicos:**

  - Há um reconhecimento crescente de que algoritmos de IA podem perpetuar e até amplificar vieses sociais existentes, resultando em discriminação sistêmica. Esses vieses podem originar-se dos dados de treinamento (que refletem desigualdades históricas) ou das escolhas feitas pelos desenvolvedores.

  - **Soluções em desenvolvimento e debate:** Auditorias algorítmicas regulares, o uso de conjuntos de dados mais diversos e representativos, técnicas de "fair machine learning" para corrigir vieses, e a promoção de maior diversidade nas equipes de desenvolvimento de IA são passos cruciais. A discussão sobre a necessidade de envolvimento ativo das partes interessadas (stakeholders) na identificação e mitigação de vieses também ganhou força.

- **Princípios de "Privacy by Design" e "Ethics by Design":** A ideia de incorporar considerações de privacidade e ética desde as fases iniciais de concepção e design dos sistemas de IA (e não como uma reflexão tardia) está ganhando tração.

- **Regulamentação e Padrões:**

    - O **AI Act da União Europeia** é um marco, classificando os sistemas de IA de acordo com o risco (inaceitável, alto, limitado, mínimo) e impondo requisitos rigorosos para sistemas de alto risco. Sua implementação e os atos delegados detalhando especificações técnicas estão sendo acompanhados de perto globalmente.

- No Brasil, o **Projeto de Lei que visa regulamentar a IA (anteriormente PL 2338/2023)** foi aprovado no Senado em dezembro de 2024 e seguiu para a Câmara dos Deputados. O texto propõe um marco regulatório com regras para o desenvolvimento e uso de sistemas de IA, define direitos para as pessoas afetadas (como informação prévia, privacidade, não discriminação, correção de vieses) e estabelece a ANPD como autoridade competente para fiscalizar e aplicar sanções.

- **Impacto nos Direitos Humanos:** Organizações de direitos humanos e órgãos como o Conselho Nacional dos Direitos Humanos (CNDH) no Brasil têm realizado eventos e publicado materiais destacando tanto as oportunidades quanto os riscos da IA para os direitos humanos, incluindo liberdade de expressão, não discriminação, privacidade e direitos autorais. A necessidade de políticas públicas formuladas com ampla participação social é enfatizada.

- **Soberania Tecnológica e Modelos de IA Locais:** Preocupações com a dependência de modelos de IA desenvolvidos por poucas grandes empresas globais e falhas na moderação de conteúdo levaram alguns países e regiões a explorar o desenvolvimento de modelos de IA locais e a buscar maior soberania tecnológica.

O desenvolvimento responsável da IA não é apenas uma questão técnica, mas um desafio sociotécnico que exige colaboração multidisciplinar, engajamento público e um compromisso contínuo com a adaptação de normas e práticas à medida que a tecnologia evolui.

6.3 Caso Prático: Questões Éticas Emergentes – Clearview AI e a Vigilância Facial em Foco; Dilemas da IA Generativa

O caso da **Clearview AI** continua a ser um exemplo paradigmático dos profundos dilemas éticos e de privacidade levantados pela tecnologia de reconhecimento facial e pela coleta massiva de dados biométricos. A empresa construiu um vasto banco de dados com bilhões de imagens extraídas de fontes públicas na internet (redes sociais, sites de notícias, etc.) sem o consentimento explícito dos indivíduos, oferecendo sua tecnologia principalmente para agências de aplicação da lei.

Atualizações e Controvérsias (2024-2025):

- **Escrutínio Contínuo e Ações Legais:** A Clearview AI enfrentou e continua a enfrentar uma série de processos judiciais e investigações por órgãos de proteção de dados em diversos países devido às suas práticas de coleta de dados e ao uso de sua tecnologia.

- o Na Europa, a empresa foi multada em diversos países por violações do GDPR. Por exemplo, a autoridade de privacidade da França multou novamente a Clearview AI em 2023 por não cumprir ordens anteriores, e os Países Baixos também impuseram multas em 2024.

- o Na Austrália, o governo federal desistiu de uma ação contra a Clearview AI em agosto de 2024, após alegações de que a empresa havia coletado imagens da internet sem consentimento.

- **Uso Governamental e Contratações Secretas:** Um **evento que gerou grande repercussão no Brasil** no início de 2025 foi a revelação, pelo The Intercept Brasil, de que o Ministério da Justiça e Segurança Pública teria licenciado secretamente o uso do software da Clearview AI para expandir um sistema de vigilância (Projeto Excel) focado na extração de dados de celulares. Essa contratação, supostamente feita sem ampla concorrência e com pouca transparência, levantou sérias preocupações entre especialistas em privacidade e direitos humanos sobre o potencial de abuso e a falta de supervisão democrática.

- **Debate sobre Legitimidade e Precisão:** A precisão da tecnologia de reconhecimento facial, especialmente em relação a grupos minoritários, continua a ser um ponto de debate. Embora a Clearview afirme alta precisão, críticos apontam para o risco de falsos positivos e o potencial de discriminação. O fato de a Clearview ter começado a participar de testes do NIST (Instituto Nacional de Padrões e Tecnologia dos EUA) apenas após questionamentos públicos também é citado.

- **Relatórios sobre Vigilância de Grupos Marginalizados:** Um relatório de abril de 2025 do Business & Human Rights Resource Centre alegou que a tecnologia da Clearview AI foi projetada para a vigilância de grupos marginalizados, intensificando as preocupações éticas.

Além da Clearview AI – Dilemas Éticos com IA Generativa e Outras Aplicações (2024-2025):

Enquanto o reconhecimento facial permanece um foco crítico, o rápido avanço da IA generativa e outras aplicações de IA trouxeram novos e complexos dilemas éticos à tona:

- **IA no Sistema de Justiça:** A implementação de IA no Poder Judiciário, seja para análise de processos, tratamento de dados ou auxílio na tomada de decisões, levanta questões sobre devido processo legal, vieses algorítmicos em sentenças, transparência e a necessidade de supervisão humana. No Brasil, a OAB aprovou recomendações para o uso de IA na prática jurídica em 2024. O debate sobre "agentes de IA para a justiça" e o equilíbrio entre autonomia e supervisão humana é intenso.

- **Propriedade Intelectual e Direitos Autorais:** Modelos de IA generativa são treinados com vastas quantidades de conteúdo existente (textos, imagens, músicas), levantando complexas questões sobre direitos autorais do material original e da titularidade das obras criadas pela IA. Há uma crescente preocupação de que os direitos autorais, considerados direitos humanos, estão sendo constantemente violados por IAs generativas.

- **Desinformação e Manipulação ("Deepfakes"):** A capacidade de criar conteúdo falso convincente (texto, áudio, vídeo) com IA generativa representa uma ameaça significativa à integridade da informação, ao discurso público e aos processos democráticos.

- **Autonomia e Responsabilidade dos "Agentes de IA":** Com o desenvolvimento de "Agentes de IA" mais autônomos, capazes de executar sequências complexas de ações e interagir com o mundo real, surgem novas questões sobre quem é responsável quando esses agentes causam danos ou tomam decisões equivocadas.

- **Dependência Excessiva e Erosão de Habilidades:** A facilidade de uso de ferramentas de IA para tarefas como escrita, programação ou pesquisa levanta preocupações sobre a possível dependência excessiva e a erosão de habilidades humanas fundamentais, como o pensamento crítico e a capacidade de resolver problemas de forma independente.

A gestão desses desafios éticos requer uma abordagem multifacetada, que inclua o desenvolvimento de regulamentações robustas e adaptáveis, a promoção de pesquisa em IA ética e explicável, a educação da sociedade sobre as capacidades e limitações da IA, e um diálogo contínuo entre todas as partes interessadas para moldar um futuro onde a IA seja utilizada de forma a beneficiar a humanidade como um todo, respeitando os direitos e a dignidade de cada indivíduo.

Capítulo 7: Casas Inteligentes e IA

A convergência da Inteligência Artificial (IA) com a automação residencial está transformando o conceito de "lar", convertendo espaços habitacionais em ecossistemas interativos, responsivos e cada vez mais autônomos. As casas inteligentes (smart homes) de 2024-2025 transcendem a simples conveniência do controle remoto de luzes e eletrodomésticos. Elas estão evoluindo para se tornarem ambientes que aprendem, se adaptam e antecipam as necessidades dos moradores, prometendo níveis inéditos de conforto, segurança, eficiência energética e bem-estar. A IA é o cérebro por trás dessa revolução, orquestrando uma miríade de dispositivos conectados e interpretando dados para criar uma experiência de moradia verdadeiramente inteligente e personalizada.

A consolidação de redes de comunicação mais rápidas e estáveis, como o 5G e o Wi-Fi 6, é um pilar fundamental para essa evolução, permitindo a transmissão de grandes volumes de dados em tempo real, essencial para sistemas de segurança responsivos e automações complexas. Além disso, o avanço em robótica doméstica, com robôs de limpeza mais eficientes, jardineiros automatizados e até drones para vigilância, começa a se integrar a esse ecossistema inteligente.

7.1 Segurança Doméstica Potencializada por IA

A segurança residencial é uma das áreas mais impactadas e beneficiadas pelos avanços da Inteligência Artificial. Os sistemas modernos vão muito além dos alarmes tradicionais, incorporando IA para oferecer vigilância proativa, detecção de anomalias em tempo real e uma resposta mais inteligente a potenciais ameaças.

Avanços e Aplicações (2024-2025):

- **Análise Avançada de Vídeo e Visão Computacional:**

  - **Câmeras Inteligentes com Reconhecimento Aprimorado:** As câmeras de segurança equipadas com IA possuem capacidades sofisticadas de reconhecimento facial para distinguir moradores de visitantes ou intrusos. Além disso, podem identificar objetos específicos (carros, animais), detectar comportamentos suspeitos (alguém rondando a propriedade) e até analisar padrões de movimento para prever riscos antes que se materializem. A qualidade da imagem e a capacidade de análise em condições de baixa luminosidade também foram aprimoradas.

o **Detecção de Anomalias Acústicas e Ambientais:** Sensores com IA podem identificar sons incomuns, como quebra de vidro, alarmes de fumaça específicos (mesmo de detectores não inteligentes) ou até mesmo o som de água corrente indicando um vazamento, enviando alertas imediatos aos moradores.

- **Sistemas de Alarme Preditivos e Adaptativos:** A IA permite que os sistemas de alarme aprendam os padrões de rotina da casa e dos moradores. Alarmes podem ser armados ou desarmados automaticamente com base na geolocalização dos smartphones dos moradores ou em horários predefinidos. Sistemas mais avançados podem diferenciar entre um animal de estimação e um intruso, reduzindo falsos alarmes. A IA adaptativa permite que esses sistemas evoluam e melhorem continuamente sua precisão.

- **Integração com Assistentes Virtuais e Controle Centralizado:** A segurança doméstica inteligente é frequentemente integrada a assistentes virtuais (Alexa, Google Assistant, Siri), permitindo o controle por voz, o recebimento de alertas e a visualização de câmeras em displays inteligentes ou smartphones. Essa centralização facilita o gerenciamento da segurança da casa.

- **Drones de Segurança Doméstica:** Embora ainda um nicho, a ideia de drones autônomos para patrulhar o perímetro de propriedades, detectar movimentos suspeitos e transmitir imagens em tempo real para o proprietário começa a ganhar tração como uma camada adicional de proteção, especialmente para residências maiores.

- **Segurança Cibernética da Casa Inteligente:** Com o aumento do número de dispositivos conectados, a segurança cibernética da própria casa inteligente tornou-se uma preocupação crítica. A IA também é empregada aqui para detectar e prevenir tentativas de invasão aos sistemas domésticos, protegendo dados pessoais e o controle dos dispositivos.

Desafios Contínuos:

- **Privacidade:** A coleta constante de áudio e vídeo por dispositivos de segurança inteligentes levanta preocupações significativas sobre a privacidade dos moradores. É crucial que os fabricantes adotem políticas transparentes de dados e ofereçam controles robustos aos usuários.

- **Falsos Positivos/Negativos:** Apesar dos avanços, os sistemas de IA ainda podem gerar falsos alarmes ou, mais raramente, falhar em detectar uma ameaça real, o que exige calibração e aprendizado contínuos.

- **Dependência de Conectividade:** Muitos sistemas dependem de uma conexão estável com a internet para funcionalidades plenas e alertas remotos.

A tendência é a convergência da segurança física e cibernética no ambiente doméstico, com a IA atuando como um guardião digital cada vez mais vigilante e inteligente.

7.2 Eficiência Energética e Sustentabilidade Otimizadas pela IA

Em um mundo cada vez mais consciente dos desafios ambientais e dos custos de energia, a Inteligência Artificial está desempenhando um papel vital em tornar as casas mais eficientes energeticamente e sustentáveis. A IA permite um gerenciamento granular e preditivo do consumo de energia, otimiza o uso de recursos e facilita a integração de fontes de energia renováveis no ambiente doméstico.

Inovações e Impactos (2024-2025):

- **Termostatos e Climatização Inteligente:** Termostatos inteligentes (como Nest, Ecobee) utilizam IA para aprender os padrões de ocupação da casa e as preferências de temperatura dos moradores, ajustando automaticamente o aquecimento e o resfriamento para otimizar o conforto e minimizar o desperdício de energia. Eles podem considerar previsões do tempo, insolação e até mesmo tarifas de energia variáveis.

- **Gestão Inteligente de Iluminação e Eletrodomésticos:**

  o Sistemas de iluminação com IA podem ajustar a intensidade da luz com base na luz natural disponível, na presença de pessoas no cômodo e na hora do dia.

  o Eletrodomésticos conectados (geladeiras, máquinas de lavar, fornos) podem ser programados ou controlados por IA para operar em horários de menor demanda de energia ou tarifas mais baixas, e alguns modelos podem otimizar seus ciclos de funcionamento para economizar energia e água.

- **Monitoramento Detalhado do Consumo de Energia:** Medidores inteligentes e sistemas de monitoramento de energia em tempo real, analisados por IA, fornecem aos moradores insights detalhados sobre seus padrões de consumo, identificando os maiores "vilões" energéticos e sugerindo mudanças de hábitos ou otimizações.

- **Integração com Geração Distribuída e Smart Grids:**

  - Para casas com painéis solares, a IA pode otimizar o uso da energia gerada, priorizando o autoconsumo, direcionando o excedente para o carregamento de baterias domésticas ou vendendo-o de volta à rede elétrica (quando regulamentado) nos momentos mais vantajosos.

  - A comunicação com redes elétricas inteligentes (smart grids) permite que as casas inteligentes participem de programas de resposta à demanda, ajustando seu consumo automaticamente para ajudar a estabilizar a rede em momentos de pico, muitas vezes com incentivos financeiros para o consumidor.

- **Otimização do Uso da Água:** Sensores inteligentes e IA podem detectar vazamentos, monitorar o consumo de água em diferentes pontos da casa e otimizar sistemas de irrigação de jardins com base nas condições climáticas e na umidade do solo.

- **IA Privada e Virtualização para Eficiência:** A tendência de executar modelos de IA localmente (IA privada) ou em infraestruturas virtualizadas pode reduzir o consumo de energia associado ao processamento de dados em nuvem, especialmente para aplicações domésticas que não requerem a latência ultrabaixa de data centers externos.

Desafios e Oportunidades:

- **Interoperabilidade:** Um dos maiores desafios históricos para a automação residencial tem sido a falta de interoperabilidade entre dispositivos de diferentes fabricantes. **Protocolos como Matter**, apoiado por grandes empresas de tecnologia como Google, Apple e Amazon e mantido pela Connectivity Standards Alliance (CSA), visam resolver esse problema, criando um padrão unificado para que dispositivos inteligentes possam "conversar" entre si de forma transparente, independentemente da marca. O Matter, lançado oficialmente em novembro de 2022, utiliza tecnologias como Wi-Fi, Thread e Bluetooth LE para essa comunicação. O protocolo **Thread** complementa o Matter, oferecendo uma rede mesh de baixa potência e alta confiabilidade para dispositivos domésticos. A ampla adoção do Matter em 2024-2025 é um **evento crucial** para destravar o pleno potencial das casas inteligentes integradas e eficientes.

- **Custo Inicial:** O investimento inicial em dispositivos inteligentes e sistemas de automação ainda pode ser uma barreira para alguns consumidores, embora os preços tendam a diminuir com o tempo e a economia gerada na conta de energia possa compensar o investimento a longo prazo.

- **Conscientização e Educação do Consumidor:** Muitos consumidores ainda não estão plenamente cientes dos benefícios e funcionalidades que a IA pode trazer para a gestão energética de suas casas.

A IA está transformando a residência em um participante ativo na gestão de energia e na promoção da sustentabilidade, movendo-se de um consumo passivo para uma otimização inteligente e proativa.

7.3 Caso Prático: IA na Otimização Energética – Do Data Center à Residência Inteligente (Adaptado)

O caso original do seu livro mencionava o Google DeepMind e sua aplicação na otimização do consumo de energia em data centers do Google. Este continua sendo um exemplo poderoso do impacto da IA em larga escala. Os data centers são consumidores massivos de energia, principalmente para refrigeração. Os algoritmos de aprendizado de máquina do DeepMind foram capazes de analisar dados históricos e em tempo real das operações dos data centers (temperatura, cargas de servidor, configurações de equipamentos de refrigeração) para prever e ajustar os sistemas de resfriamento de forma muito mais eficiente do que os métodos tradicionais, resultando em economias significativas de energia (reportadas anteriormente na casa dos 40% para refrigeração e 15% na eficiência energética geral).

Atualizações e Contexto (2024-2025):

- **Foco Contínuo em Eficiência de Data Centers:** A explosão da demanda por IA, especialmente IA generativa, intensificou a pressão sobre a infraestrutura de data centers. Em 2024 e 2025, o foco na eficiência energética desses centros tornou-se ainda mais crítico. Empresas como Google e Nvidia continuam a investir bilhões em seus data centers e servidores, buscando otimizar tanto o hardware quanto o software para reduzir o consumo energético por unidade de processamento. O uso de resfriamento líquido e a cogeração de energia são tendências importantes.

- **Desafios Energéticos da IA:** Relatórios recentes, como os da Agência Internacional de Energia, alertam que o crescimento descontrolado da IA pode levar a um aumento significativo no consumo global de energia e água (para resfriamento de data centers), potencialmente reabilitando usinas de combustíveis fósseis se não houver um forte investimento em energias renováveis e em tecnologias de IA mais eficientes.

Transpondo os Princípios para o Ambiente Residencial:

Embora a escala seja diferente, os princípios de otimização energética por IA aplicados nos data centers do Google DeepMind são cada vez mais relevantes para as casas inteligentes:

1. **Coleta e Análise de Dados Detalhados:** Assim como nos data centers, sensores em casas inteligentes (termostatos, medidores de energia, sensores de presença e luminosidade) coletam dados sobre o ambiente e os padrões de uso.

2. **Modelagem e Previsão:** Algoritmos de IA analisam esses dados para aprender os hábitos dos moradores, prever necessidades futuras (ex: quando a casa estará vazia, quando o sol incidirá mais fortemente em uma janela) e antecipar a demanda por aquecimento, resfriamento ou iluminação.

3. **Controle Otimizado e Autônomo:** Com base nessas previsões, a IA ajusta automaticamente os sistemas domésticos (termostato, persianas, luzes, eletrodomésticos) para maximizar a eficiência sem sacrificar o conforto. Por exemplo, pode pré-resfriar a casa antes de um horário de pico de tarifa de

energia ou reduzir o aquecimento quando detecta que ninguém está em casa.

4. **Aprendizado Contínuo:** Os sistemas de IA em casas inteligentes continuam aprendendo e se adaptando às mudanças nos hábitos dos moradores e nas condições ambientais, refinando constantemente suas estratégias de economia de energia.

Exemplos Práticos em Residências (2024-2025):

- **Plataformas de Gestão Energética Residencial:** Empresas de tecnologia e startups estão oferecendo plataformas que integram diversos dispositivos inteligentes da casa e utilizam IA para fornecer uma visão holística do consumo e automações personalizadas para economia.

- **Assistentes Virtuais como Gerenciadores de Energia:** Assistentes como Alexa, Google Assistant e Siri estão evoluindo para interações mais naturais e preditivas, e alguns já oferecem funcionalidades para controlar dispositivos de forma a otimizar o consumo de energia, respondendo a comandos como "Alexa, ative o modo de economia de energia". A tendência é que se tornem "agentes de IA" mais autônomos na gestão do lar.

- **Integração com Tarifas Dinâmicas:** Em regiões com tarifas de energia que variam ao longo do dia, a IA pode programar o funcionamento de eletrodomésticos de alto consumo (como máquinas de lavar louça ou carregadores de veículos elétricos) para os horários de tarifa mais baixa, gerando economia direta.

O grande desafio e, ao mesmo tempo, a grande oportunidade para a IA em casas inteligentes é orquestrar de forma inteligente todos os dispositivos e sistemas para criar um ambiente que não seja apenas conectado, mas genuinamente eficiente, sustentável e adaptado às necessidades individuais de seus habitantes, refletindo em menor escala a complexa otimização que o Google DeepMind alcançou em seus data centers. A crescente adoção de protocolos como o Matter é fundamental para viabilizar essa orquestração em um ecossistema de dispositivos diversificado.

Capítulo 8: Impacto Social da IA

A Inteligência Artificial (IA) transcendeu seu papel como mera ferramenta tecnológica para se tornar uma força motriz de profundas transformações sociais em escala global. À medida que sistemas de IA, desde algoritmos de recomendação em redes sociais até complexas IAs generativas, se entrelaçam cada vez mais com o cotidiano, eles reconfiguram nossas interações, normas culturais, estruturas de poder e o próprio entendimento do que significa ser humano em sociedade. O período de 2024-2025 é caracterizado por uma crescente conscientização pública e acadêmica sobre esses impactos, impulsionada por "eventos" como a rápida disseminação de conteúdo gerado por IA, debates acirrados sobre vieses algorítmicos e a busca por uma governança que alinhe o avanço tecnológico com o bem-estar coletivo e os direitos humanos. Este capítulo se propõe a analisar as multifacetadas mudanças sociais impulsionadas pela IA, os desafios inerentes à sua implementação e as oportunidades emergentes para um futuro socialmente mais justo e inclusivo.

8.1 Mudanças Sociais Impulsionadas pela IA: Novas Dinâmicas e Normas

A IA está sutil e explicitamente redesenhando o panorama das interações sociais e estabelecendo novas normas de comportamento e comunicação.

Transformações Observadas (2024-2025):

- **Reconfiguração das Interações Humanas:**
  - **Comunicação Mediada por IA:** A prevalência de chatbots, assistentes virtuais e sistemas de tradução automática está alterando a forma como nos comunicamos. Se por um lado facilitam a conexão através de barreiras linguísticas e oferecem suporte instantâneo, por outro levantam questões sobre a autenticidade e a profundidade das interações puramente digitais.

  - **Redes Sociais e Bolhas de Filtro:** Algoritmos de IA em plataformas de mídia social continuam a moldar as informações que consumimos e as pessoas com quem interagimos, podendo reforçar bolhas de filtro e câmaras de eco. **Eventos recentes** incluem um maior escrutínio sobre o papel desses algoritmos na polarização social e na disseminação de desinformação, especialmente em contextos eleitorais globais.

  - **Relacionamentos Parassociais com IA:** O surgimento de companheiros de IA e chatbots projetados para interação emocional levanta discussões sobre a natureza dos relacionamentos humanos e o potencial impacto no bem-estar psicológico, especialmente entre populações mais vulneráveis à solidão.

- **Impacto no Mercado de Trabalho e Estrutura Social:**

  - A automação de tarefas e a transformação de profissões (discutidas no Capítulo 2) têm profundas implicações sociais, incluindo o risco de aumento da desigualdade de renda e a necessidade de novos modelos de seguridade social e requalificação em massa. O Fórum Econômico Mundial, em relatórios como o "Future of Jobs Report 2025", destaca a previsão de que, embora novos empregos sejam criados pela IA (prevendo 170 milhões de novos empregos e o deslocamento de 92 milhões até 2030), uma grande parcela da força de trabalho necessitará de treinamento em IA.

  - A "plataformização" do trabalho, muitas vezes gerenciada por algoritmos de IA, redefine as relações laborais, o que será tema de debate na Conferência Internacional da Organização Internacional do Trabalho (OIT) em junho de 2025.

- **Cultura e Criação de Conteúdo:** A IA generativa está revolucionando campos criativos, desde a música e artes visuais até a escrita. Isso democratiza a criação, mas também levanta questões sobre originalidade, direitos autorais e o valor do trabalho criativo humano.

- **Saúde e Bem-Estar Social:**
  - **Acesso à Informação de Saúde:** Ferramentas de IA podem fornecer acesso rápido a informações médicas, mas também carregam o risco de autodiagnóstico incorreto e sobrecarga de informação.

  - **Saúde Mental:** Aplicativos de saúde mental baseados em IA oferecem suporte acessível para monitoramento de sintomas e intervenções personalizadas para ansiedade e depressão, complementando o trabalho de profissionais. No entanto, a eficácia e os riscos de dependência ou diagnósticos falhos por "bots terapêuticos" ainda são áreas de intenso debate.

- **Educação e Acesso ao Conhecimento:** A personalização do aprendizado por IA (discutida no Capítulo 4) pode promover maior equidade no acesso à educação de qualidade, mas também corre o risco de aprofundar a exclusão digital se não for implementada com cuidado.

Um relatório do PNUD (Programa das Nações Unidas para o Desenvolvimento) previsto para 2025 destaca os impactos transformadores da digitalização e da IA em dimensões fundamentais do desenvolvimento humano, alertando para a necessidade de decisões conscientes sobre como desenvolver, implementar e governar a IA para ampliar as capacidades humanas de forma equitativa.

8.2 Desafios Sociais na Implementação da IA: Amplificando Vulnerabilidades

A implementação da IA na sociedade não é isenta de desafios significativos, muitos dos quais estão interconectados e têm o potencial de exacerbar vulnerabilidades e desigualdades preexistentes.

Principais Desafios (2024-2025):

- **Aprofundamento da Desigualdade Social e Exclusão Digital:**

    - **Divisória Digital (Digital Divide):** O acesso desigual à tecnologia de IA, à infraestrutura digital (internet de alta velocidade) e às habilidades necessárias para utilizá-la (letramento em IA) pode criar novas formas de exclusão social e econômica. No Brasil, por exemplo, a pesquisa TIC Domicílios 2024 revelou que 29 milhões de brasileiros não acessam a internet, com recortes significativos de raça, classe e idade. A ONU alertou em maio de 2025 que a IA pode ampliar a desigualdade entre países e já afeta o desenvolvimento humano.

- **Concentração de Poder:** O desenvolvimento e controle das tecnologias de IA mais avançadas estão concentrados em poucas grandes corporações e nações, levantando preocupações sobre dependência tecnológica e a distribuição desigual dos benefícios da IA.

- **Vieses Algorítmicos e Discriminação:**

  - Sistemas de IA, treinados com dados históricos que refletem preconceitos sociais, podem perpetuar e até mesmo amplificar formas de discriminação baseadas em raça, gênero, idade, origem socioeconômica e outras características. Isso tem implicações graves em áreas como recrutamento, concessão de crédito, policiamento preditivo e sistemas de justiça. O debate sobre como auditar e mitigar esses vieses é central.

- **Desinformação, Manipulação e Erosão da Confiança:**

  - A capacidade da IA generativa de criar "deepfakes" e narrativas falsas convincentes em larga escala representa uma ameaça significativa à integridade da informação, podendo alimentar a polarização política, minar a confiança nas instituições e incitar conflitos sociais. O Fórum Econômico Mundial tem alertado consistentemente que a desinformação, potencializada pela IA, está entre os principais riscos globais.

  - A falta de transparência em como os algoritmos de IA tomam decisões (a "caixa-preta") pode gerar desconfiança e dificultar a responsabilização.

- **Impactos na Saúde Mental e Bem-Estar:**

  - O uso excessivo de redes sociais moldadas por algoritmos de IA tem sido associado a problemas de saúde mental, como ansiedade, depressão e problemas de autoimagem, especialmente entre jovens.

- A "pressão algorítmica" no local de trabalho, onde a IA monitora e dita o ritmo das tarefas, pode levar ao burnout e à desumanização do trabalho.

- A solidão e o isolamento social, paradoxalmente, podem ser tanto mitigados quanto exacerbados por interações com IA, dependendo da qualidade e do contexto dessas interações. O conceito de "saúde social" e a importância das conexões humanas significativas ganharam destaque em eventos como o SXSW 2025.

- **Vigilância e Perda de Autonomia:** A proliferação de sistemas de vigilância baseados em IA, tanto por atores estatais quanto privados, levanta sérias questões sobre o direito à privacidade, à liberdade de expressão e à autonomia individual.

- **Coesão Social e Fragmentação:** A personalização extrema e a criação de bolhas de informação podem levar a uma maior fragmentação social, dificultando o diálogo e o entendimento entre diferentes grupos.

Enfrentar esses desafios requer uma abordagem multifacetada que inclua o desenvolvimento de políticas públicas robustas, a promoção da alfabetização digital e em IA, o investimento em pesquisa sobre os impactos sociais da tecnologia e um forte compromisso com princípios éticos no desenvolvimento e na implementação da IA.

8.3 Oportunidades Sociais com a IA: Ferramentas para o Bem Comum

Apesar dos desafios, a Inteligência Artificial oferece um vasto leque de oportunidades para promover o bem social, enfrentar problemas complexos e empoderar indivíduos e comunidades. Quando direcionada por princípios éticos e com foco na inclusão, a IA pode ser uma poderosa aliada na construção de uma sociedade mais justa, equitativa e sustentável.

Aplicações e Iniciativas Promissoras (2024-2025):

- **Avanços na Saúde e Bem-Estar Acessíveis:**
  - **Diagnóstico Precoce e Tratamento Personalizado:** A IA está democratizando o acesso a diagnósticos médicos mais rápidos e precisos, especialmente em áreas remotas ou com escassez de especialistas. Ferramentas de triagem baseadas em IA para doenças como câncer, retinopatia diabética e tuberculose estão sendo implementadas em diversos contextos.

  - **Saúde Mental:** Aplicativos e plataformas com IA oferecem suporte para monitoramento de saúde mental, exercícios de bem-estar e acesso a informações, podendo reduzir o estigma e as barreiras de acesso ao cuidado.

- **Educação Inclusiva e Personalizada:**

  - **Tecnologias Assistivas:** A IA potencializa ferramentas para estudantes com deficiência, como leitores de tela avançados, tradutores de linguagem de sinais, softwares de comunicação alternativa e plataformas de aprendizado adaptadas. Iniciativas como o "AI for Accessibility" da Microsoft demonstram esse potencial.

  - **Personalização do Ensino:** Plataformas que adaptam o conteúdo e o ritmo de aprendizagem às necessidades individuais podem ajudar a reduzir lacunas educacionais e promover a equidade.

- **Sustentabilidade Ambiental e Ação Climática:**

  - A IA é crucial para modelar mudanças climáticas, otimizar o uso de energia renovável, monitorar o desmatamento, proteger a biodiversidade e desenvolver soluções para agricultura sustentável e cidades inteligentes mais eficientes em termos de recursos.

- **Combate à Pobreza e Insegurança Alimentar:** Algoritmos podem ajudar a otimizar a distribuição de ajuda humanitária, prever crises alimentares e melhorar a eficiência de programas sociais. A IA na agroecologia impulsiona a produtividade e promove um modelo agrícola mais sustentável.

- **Justiça Social e Direitos Humanos:**

  o A IA pode ser usada para analisar dados e identificar padrões de discriminação ou violações de direitos humanos, auxiliando o trabalho de ONGs e defensores de direitos.

  o Ferramentas de tradução e acesso à informação podem empoderar comunidades marginalizadas.

- **Fortalecimento Comunitário e Cidades Inteligentes Inclusivas:**

  o Plataformas de IA podem facilitar a participação cidadã, conectar vizinhos e otimizar serviços públicos em cidades inteligentes, com foco na qualidade de vida e na sustentabilidade. O Centro de Operações do Rio de Janeiro é um exemplo de aplicação de algoritmos para mitigação de riscos e desastres.

o Moedas sociais digitais, utilizando tecnologias como blockchain e IA, podem fortalecer economias locais e promover o consumo consciente.

- **Governança e Cooperação Internacional:**

  Iniciativas como a presidência brasileira do BRICS em 2025 têm como prioridade o uso da IA para gerar desenvolvimento e reduzir desigualdades, promovendo o intercâmbio de experiências em áreas como saúde e educação.

O desenvolvimento de "IA para o bem social" (AI for Social Good) é um campo crescente, com fundações, universidades, empresas e governos investindo em projetos que utilizam a IA para resolver alguns dos desafios mais prementes da humanidade. A chave para o sucesso dessas iniciativas reside na colaboração multidisciplinar, no envolvimento das comunidades afetadas e em um design centrado no impacto humano positivo.

8.4 Caso Prático: IA Aplicada ao Bem Social — Do Acesso à Saúde a Iniciativas Globais de Inclusão

O projeto "Molly" da Babylon Health, mencionado na edição anterior do livro, foi um exemplo de como a IA poderia ser usada para democratizar o acesso a consultas de saúde primária através de um assistente digital. No entanto, o cenário de "IA para o Bem Social" evoluiu rapidamente, com uma multiplicidade de iniciativas e plataformas buscando aplicar a IA para resolver desafios sociais complexos em diversas frentes no período de 2024-2025.

Embora informações específicas e recentes sobre o projeto "Molly" não tenham se destacado prominentemente nas buscas mais recentes, o princípio que ele representava — o uso da IA para ampliar o acesso a serviços essenciais e empoderar indivíduos — continua mais relevante do que nunca e se manifesta em novas e diversas iniciativas.

Exemplos e Áreas de Destaque em IA para Impacto Social (2024-2025):

1. **Acessibilidade Digital e Inclusão para Pessoas com Deficiência:**

    a. **Hand Talk:** Esta empresa brasileira continua a ser um exemplo notável, utilizando IA para traduzir conteúdo digital para Línguas de Sinais (como

Libras), promovendo a inclusão de pessoas surdas. A IA é usada para aprimorar a precisão e a fluidez dos avatares tradutores.

b. **Microsoft "AI for Accessibility":** Este programa global continua a financiar e apoiar projetos que usam IA para desenvolver soluções para pessoas com deficiência, abrangendo áreas como comunicação, mobilidade, emprego e vida diária. Exemplos incluem softwares avançados de leitura de tela, ferramentas de digitação por voz e sistemas de reconhecimento de imagem que descrevem o ambiente para pessoas com deficiência visual.

c. **Legendas Automáticas e Transcrição em Tempo Real:** Ferramentas como o Google Live Transcribe e as funcionalidades de legendagem automática em plataformas de vídeo, impulsionadas por IA, são cruciais para a acessibilidade auditiva em educação e comunicação.

2. **Saúde Global e Diagnóstico em Áreas Carentes:**

a. **Iniciativas de Triagem de Doenças:** Diversas ONGs e instituições de pesquisa, muitas vezes em parceria com empresas de tecnologia, estão implementando soluções de IA para triagem de doenças como tuberculose, malária e câncer em regiões com acesso limitado a médicos especialistas. Algoritmos analisam imagens médicas (raios-X de tórax, esfregaços de sangue) ou dados de sensores de baixo custo.

b. **Otimização da Cadeia de Suprimentos de Medicamentos:** A IA está sendo usada para prever a demanda por medicamentos e vacinas, otimizar rotas de distribuição e garantir que cheguem a comunidades remotas, especialmente em contextos de crises humanitárias.

3. **Educação e Alfabetização em Escala:**

a. **Plataformas de Aprendizagem Adaptativa para Populações Desfavorecidas:** Projetos que utilizam IA para fornecer educação básica e treinamento de habilidades personalizadas para crianças e adultos em comunidades de baixa renda ou em áreas de conflito. O portal Diksha na Índia, por exemplo, usa IA para recomendar conteúdo educacional em diversas línguas regionais, adaptado às necessidades dos estudantes com a colaboração de professores.

4. **Resposta a Desastres e Crises Humanitárias:**

    a. A IA analisa imagens de satélite e dados de drones para avaliar rapidamente a extensão de danos após desastres naturais, identificar áreas prioritárias para resgate e otimizar a distribuição de ajuda.

    b. Plataformas de tradução automática com IA são vitais para a comunicação entre equipes de resgate internacionais e populações locais afetadas.

5. **Monitoramento Ambiental e Conservação:**

    a. Projetos utilizam IA para analisar dados acústicos e de imagens de armadilhas fotográficas para monitorar a vida selvagem e combater a caça ilegal.

    b. A IA auxilia na detecção precoce de desmatamento e incêndios florestais, permitindo respostas mais rápidas.

Desafios e Lições Aprendidas:

Apesar do enorme potencial, as iniciativas de "IA para o Bem Social" também enfrentam desafios:

- **Sustentabilidade e Escalabilidade:** Muitos projetos promissores lutam para garantir financiamento de longo prazo e para escalar suas soluções para alcançar um impacto mais amplo.

- **Lacuna de Dados e Vieses:** Modelos de IA treinados predominantemente com dados de populações do Norte Global podem não funcionar bem ou podem introduzir vieses quando aplicados em contextos diferentes, especialmente em comunidades marginalizadas do Sul Global.

- **Necessidade de Colaboração e Envolvimento Comunitário:** O sucesso depende da colaboração estreita com as comunidades locais para garantir que as soluções de IA sejam culturalmente apropriadas, atendam às necessidades reais e capacitem os usuários, em vez de impor soluções de cima para baixo.

- **Infraestrutura e Capacitação:** A falta de infraestrutura digital e de habilidades técnicas em muitas regiões carentes pode ser uma barreira significativa.

Os "eventos" no campo da IA para o bem social em 2024-2025 mostram uma crescente sofisticação das ferramentas e uma maior conscientização sobre a importância de uma abordagem ética, centrada no ser humano e contextualmente sensível. A chave para maximizar o impacto social positivo da IA reside em fomentar a inovação responsável, garantir a equidade no acesso e na participação, e priorizar soluções que verdadeiramente empoderem os indivíduos e fortaleçam as comunidades.

Capítulo 9: Economia e Finanças na Era da IA

A incursão da Inteligência Artificial (IA) na economia global e no setor financeiro transcende a mera automação de processos; ela representa uma força catalisadora de transformações estruturais profundas. À medida que algoritmos se tornam mais sofisticados e o acesso a grandes volumes de dados (Big Data) se democratiza, a IA redefine modelos de negócios, impulsiona ganhos de produtividade, cria novos mercados e, simultaneamente, apresenta desafios econômicos e regulatórios inéditos. O período de 2024-2025 é testemunha da aceleração dessa integração, com a IA generativa, em particular, emergindo como um divisor de águas na forma como as instituições financeiras operam e como as economias buscam crescimento e inovação. Este capítulo investiga a multifacetada influência da IA, desde seu impacto macroeconômico até suas aplicações específicas no universo financeiro, sem negligenciar os obstáculos e as considerações críticas para uma adoção equilibrada e sustentável.

9.1 Transformação Econômica Impulsionada pela IA: Produtividade, PIB e Novos Horizontes

A IA está no cerne de uma nova onda de transformação econômica, frequentemente comparada em magnitude às revoluções industriais anteriores. Seu potencial para otimizar a alocação de recursos, automatizar tarefas complexas e gerar insights preditivos a partir de dados está reconfigurando as fontes de valor e a dinâmica competitiva em escala global.

Impactos e "Eventos" Notáveis (2024-2025):

- **Ganhos de Produtividade e Impacto no PIB:**

    o Estudos recentes continuam a projetar um impacto significativo da IA no crescimento da produtividade e no Produto Interno Bruto (PIB) global. Um relatório da PwC, por exemplo, revelou que a adoção da IA tem o potencial de adicionar até 13 pontos percentuais ao PIB do Brasil ao longo da próxima década (até 2035).

    o A IA generativa, em particular, é vista como uma fronteira da produtividade, com potencial para adicionar de 0,1% a 0,6% ao crescimento anual da produtividade global até 2040. Combinada com outras tecnologias e com a redistribuição eficaz do tempo de trabalho economizado, esse impacto pode ser ainda maior. Estima-se que a IA generativa possa impactar de 60% a 70% das atividades de trabalho atuais, superando projeções anteriores.

- **Novos Modelos de Negócios e Disrupção de Mercados:**

  o A IA está habilitando o surgimento de modelos de negócios inteiramente novos, baseados em plataformas, dados e personalização em massa. Empresas que efetivamente integram IA em seus processos e estratégias estão ganhando vantagens competitivas significativas.

  o Setores tradicionais estão sendo disruptados por startups ágeis (fintechs, healthtechs, edtechs) que utilizam IA para oferecer serviços mais eficientes, personalizados e acessíveis.

- **Transformação da Cadeia de Valor:** A IA está otimizando cada elo da cadeia de valor, desde a pesquisa e desenvolvimento (P&D), passando pela manufatura (Indústria 4.0), logística, marketing, vendas e atendimento ao cliente. Na P&D, por exemplo, a IA generativa acelera a descoberta de soluções inovadoras, de novos medicamentos a materiais avançados.

- **A "Virada" da IA nos Negócios:** Executivos e analistas preveem que 2025 e 2026 serão anos de "virada", onde a IA, incluindo e para além da IA generativa, passará da fase de experimentação para uma efetiva transformação dos negócios, tornando-se *mainstream* a partir de 2027. Empresas de alto desempenho estão deixando de buscar apenas casos de uso pontuais para utilizar a IA como solução central para executar suas estratégias de negócios.

- **Soberania de Dados e IA Nacional:** A crescente importância da IA levanta questões sobre soberania de dados e a necessidade de desenvolvimento de capacidades nacionais em IA para evitar dependência tecnológica e garantir que os benefícios econômicos sejam localizados.

A capacidade de aproveitar o potencial econômico da IA depende crucialmente da disponibilidade de dados de qualidade, de talentos qualificados e de um ambiente regulatório que fomente a inovação responsável.

9.2 IA no Setor Financeiro: Rumo à Hiperpersonalização e Eficiência Preditiva

O setor financeiro tem sido um dos mais rápidos e profundos adotantes da Inteligência Artificial. Desde bancos tradicionais e seguradoras até fintechs disruptivas e mercados de capitais, a IA está remodelando operações, aprimorando a tomada de decisões, personalizando a experiência do cliente e redefinindo a própria natureza dos serviços financeiros.

Inovações e "Eventos" Chave (2024-2025):

- **Ascensão da IA Generativa (GenAI) em Finanças:**

    - Pesquisas da Febraban (Federação Brasileira de Bancos) indicam que, em 2024-2025, mais de 80% dos bancos no Brasil já utilizam GenAI. Suas aplicações vão além da automação clássica, abrangendo a criação de conteúdo de marketing, interações conversacionais mais humanas com clientes (chatbots avançados) e otimização de processos de TI, resultando em redução de tempo e custos.

    - A GenAI está sendo explorada para análise de documentos complexos, sumarização de relatórios financeiros, auxílio na elaboração de pareceres de investimento e até mesmo na geração de código para novas aplicações financeiras.

- **Hiperpersonalização de Serviços:** A IA permite que instituições financeiras analisem o comportamento, as preferências e as necessidades de cada cliente em um nível granular, oferecendo produtos, serviços e aconselhamento financeiro verdadeiramente personalizados. Isso é evidente em:

  - **Robo-advisors:** Plataformas automatizadas de investimento que utilizam algoritmos de IA para construir e gerenciar portfólios personalizados com base no perfil de risco e objetivos do cliente, ajustando-os dinamicamente às mudanças de mercado.

  - **Marketing e Retenção de Clientes:** Campanhas de marketing altamente segmentadas e personalizadas, além de sistemas que preveem o risco de perda de clientes (churn) e sugerem ações proativas de retenção.

- **Trading Algorítmico e Análise Preditiva Avançada:**

  - Algoritmos de IA, incluindo redes neurais adaptativas, dominam cada vez mais o trading de alta frequência, identificando padrões complexos e executando ordens em milissegundos. Ferramentas como MetaTrader 6 e Kavout Pro utilizam neuro-redes para analisar dados não estruturados (como vídeos de CEOs ou imagens de satélite de fábricas) para prever movimentos de mercado.

  - Modelos preditivos com IA são usados para prever tendências macroeconômicas, volatilidade de ativos e riscos sistêmicos com precisão crescente. Sistemas como o RiskGuard 2025 analisam interdependências globais para sugerir hedges automáticos.

- **Detecção e Prevenção de Fraudes e Crimes Financeiros:**

  - A IA é crucial na identificação de transações fraudulentas em tempo real, lavagem de dinheiro e outros crimes financeiros. Sistemas aprendem com padrões de fraude conhecidos e detectam anomalias com alta precisão.

- o Um **evento notável** em 2024 foi o anúncio de que o governo dos EUA, com o auxílio da IA, recuperou US$ 1 bilhão em fraudes financeiras, quase o triplo do ano fiscal anterior.

- o No entanto, criminosos também estão utilizando IA para criar golpes mais sofisticados, exigindo que as instituições financeiras reforcem continuamente suas defesas com IA avançada. A Europol alertou em março de 2025 sobre o uso crescente de IA por organizações criminosas globais.

- **Análise de Crédito Inclusiva e RegTech:**

  - o A IA permite a análise de uma gama maior de dados alternativos para avaliar o risco de crédito, potencialmente incluindo indivíduos e pequenas empresas que antes eram mal servidos pelo sistema financeiro tradicional.

  - o Soluções de RegTech (Tecnologia Regulatória) baseadas em IA ajudam as instituições financeiras a cumprir regulamentações complexas de forma mais eficiente, automatizando processos de compliance e reporte. A IA Explicável (XAI) está se tornando norma para cumprir regulamentações como o AI Act da UE e diretrizes da CVM para algoritmos.

- **Fintechs e a Transformação do Ecossistema:** Fintechs continuam a ser grandes impulsionadoras da inovação com IA, desafiando modelos bancários tradicionais e forçando a aceleração digital de todo o setor. Oito das dez maiores rodadas de investimento de Venture Capital na América Latina em 2024 foram destinadas a fintechs.

- **Moedas Digitais de Bancos Centrais (CBDCs) e IA:** O desenvolvimento de CBDCs, como o Drex no Brasil (com lançamento oficial previsto para 2025), abre novas possibilidades para transações financeiras programáveis e tokenização de ativos. A IA poderá desempenhar um papel na gestão da segurança, na análise de transações e na oferta de serviços personalizados sobre essas novas moedas digitais, embora o desenho das CBDCs busque evitar a desintermediação financeira completa.

- **Governança de IA no Mercado de Capitais:** Eventos como a "Jornada de IA 2025" da ANBIMA, com foco em governança responsável, cibersegurança, regulação e infraestrutura, demonstram a crescente importância de um desenvolvimento ético e seguro da IA no mercado de capitais brasileiro.

O setor financeiro está se transformando em uma plataforma inteligente, hiperconectada e preditiva, onde a IA é o fio condutor da inovação, eficiência e personalização.

9.3 Desafios Econômicos na Implementação da IA

Apesar do imenso potencial de geração de valor, a implementação da IA em larga escala também acarreta desafios econômicos significativos que precisam ser cuidadosamente gerenciados por empresas, governos e pela sociedade.

Principais Desafios (2024-2025):

- **Custo de Implementação e Retorno sobre o Investimento (ROI):**

    - A adoção de soluções de IA robustas exige investimentos consideráveis em tecnologia (hardware, software), dados (coleta, tratamento, armazenamento) e talentos especializados.

    - Mensurar o ROI de projetos de IA pode ser complexo, especialmente para iniciativas de IA generativa onde tanto os custos quanto os benefícios podem ser inicialmente desconhecidos ou difíceis de quantificar. Em 2025, há um foco crescente em justificar o ROI e selecionar projetos de IA com maior rigor.

- **Qualidade e Disponibilidade de Dados:** A eficácia da IA depende criticamente da qualidade, quantidade e relevância dos dados utilizados para treinamento. Dados enviesados, incompletos ou de baixa qualidade podem levar a modelos de IA ineficazes ou discriminatórios. A dificuldade em avaliar a qualidade de dados não estruturados, usados em GenAI, é uma preocupação. A falta de dados proprietários suficientes para personalizar modelos também é um desafio.

- **Escassez de Talentos e Necessidade de Requalificação:** A demanda por profissionais com habilidades em IA (cientistas de dados, engenheiros de machine learning, especialistas em ética de IA) supera em muito a oferta, elevando os custos de contratação e retenção. Além disso, a força de trabalho existente precisa ser requalificada para interagir e colaborar com sistemas de IA.

- **Concentração de Mercado e Poder Econômico:** O desenvolvimento das tecnologias de IA mais avançadas está cada vez mais concentrado nas mãos de poucas grandes empresas de tecnologia (Big Techs). Isso levanta preocupações sobre a criação de monopólios ou oligopólios, a limitação da concorrência e a dependência excessiva de provedores específicos.

- **Impacto em Países em Desenvolvimento:** Embora a IA ofereça oportunidades para saltos de desenvolvimento ("leapfrogging"), os países em desenvolvimento podem enfrentar maiores dificuldades para competir na economia global da IA devido à falta de infraestrutura, capital de investimento, talentos qualificados e acesso a dados. A "divisória da IA" pode exacerbar desigualdades globais.

- **Deslocamento de Empregos e Transição da Força de Trabalho:** Como discutido no Capítulo 2, a automação por IA pode levar ao deslocamento de empregos em certos setores e funções, exigindo políticas públicas proativas para gerenciar a transição da força de trabalho, incluindo programas de requalificação, redes de segurança social e, potencialmente, a discussão sobre renda básica universal.

- **Sustentabilidade e Consumo Energético:** A crescente demanda energética para treinar e operar grandes modelos de IA e para alimentar data centers é uma preocupação emergente. O equilíbrio entre os benefícios da IA e suas metas de sustentabilidade ambiental está se tornando um ponto central de discussão, com a necessidade de desenvolver IA mais eficiente em termos de energia e utilizar fontes de energia renováveis.

- **Inflação e Incertezas Econômicas Globais:** O cenário macroeconômico global, com pressões inflacionárias e incertezas fiscais (como observado no Brasil em 2024-2025), pode impactar o ritmo de investimento em IA, com empresas possivelmente adotando uma postura mais cautelosa em relação a grandes desembolsos tecnológicos.

A superação desses desafios exigirá uma colaboração estreita entre o setor privado, governos, academia e sociedade civil para criar um ecossistema que promova a inovação em IA de forma inclusiva, ética e economicamente sustentável.

9.4 Caso Prático: Economia e Finanças na Era da IA – Ant Group e a Evolução Contínua das Fintechs Globais

O **Ant Group** (anteriormente Ant Financial), originário do ecossistema do Alibaba, continua a ser um estudo de caso relevante sobre como a Inteligência Artificial pode ser o motor da inovação em serviços financeiros digitais em grande escala, embora seu perfil e estratégias tenham evoluído em resposta a um ambiente regulatório mais rigoroso na China e a um cenário competitivo global dinâmico.

Desenvolvimentos Recentes e Foco em IA (2024-2025):

- **IA no Processamento de Sinistros de Saúde:** Um **evento notável** em março de 2025 foi o anúncio de que a Ant Insurance (braço de seguros do Ant Group) utilizou IA para ajudar seguradoras parceiras a processar 7,25 milhões de pedidos de sinistros de saúde em 2024, um aumento de 55% em relação ao ano anterior. Isso demonstra o poder da IA para otimizar operações complexas e melhorar a eficiência no setor de seguros.

- **Soluções de Atendimento ao Cliente com IA na Nuvem:** Em novembro de 2024, o Ant Group expandiu sua parceria com a Nike China para aprimorar a experiência do cliente utilizando a solução Ant Cloud Customer

Service, que presumivelmente incorpora IA para personalização e eficiência.

- **IA para Gestão Financeira de PMEs pelo MYbank:** Em setembro de 2024, o MYbank (um banco online associado ao Ant Group com foco em pequenas e médias empresas - PMEs) lançou um sistema habilitado por IA para auxiliar PMEs na gestão de suas finanças, apresentado na INCLUSION Conference em Xangai. Isso reforça o uso da IA para promover a inclusão financeira e apoiar o setor de PMEs.

- **Expansão Internacional e Parcerias:** A Ant International (divisão internacional do Ant Group) tem buscado expansão e parcerias estratégicas. Um exemplo é a integração de sistemas com a Dock no Brasil em agosto de 2024 para refinar a análise de crédito na América Latina, sinalizando a contínua exportação de sua expertise em IA para novos mercados.

- **Foco em Inovação Contínua:** O Ant Group foi reconhecido como um dos Top 100 Global Innovators em março de 2025, indicando um compromisso contínuo com a pesquisa e desenvolvimento, onde a IA certamente desempenha um papel central.

Lições e Relevância Contínua:

Embora o Ant Group tenha passado por um período de reestruturação e maior escrutínio regulatório após o cancelamento de seu IPO em 2020, seu legado como pioneiro no uso de IA para:

- **Avaliação de Crédito em Larga Escala:** Utilizando IA para analisar uma vasta gama de dados alternativos e fornecer microcrédito a milhões de consumidores e pequenas empresas que antes não tinham acesso.

- **Pagamentos Móveis e Ecossistemas Digitais:** O Alipay, sua plataforma de pagamento, é um exemplo de como a IA pode personalizar a experiência do usuário, detectar fraudes e integrar uma miríade de serviços financeiros e de estilo de vida.

- **Inclusão Financeira:** Ao reduzir custos e alcançar populações sub-bancarizadas, o Ant Group demonstrou o potencial da IA para promover a inclusão financeira.

Continua a ser um exemplo vital. Os "eventos" recentes, embora talvez menos disruptivos globalmente do que seus movimentos anteriores, mostram uma empresa que amadureceu sua estratégia, focando na aplicação de IA para otimizar processos existentes (como sinistros de seguros), expandir parcerias internacionais e continuar a servir o mercado de PMEs com ferramentas financeiras inteligentes.

O caso do Ant Group, juntamente com o avanço de inúmeras outras fintechs globalmente, sublinha que a IA não é apenas uma ferramenta para otimizar o status quo financeiro, mas um catalisador para reinventar serviços, alcançar novos clientes e criar modelos de negócios mais eficientes e centrados no usuário. O futuro das finanças será, inegavelmente, moldado pela capacidade das instituições de aproveitar o poder da IA de forma inovadora, ética e em conformidade com um cenário regulatório em constante evolução. A Febraban Tech 2025, com seu tema central "A aceleração do Setor Financeiro na Era da Inteligência", destaca a IA generativa como um foco transformador, enfatizando a importância da gestão estratégica de dados para o novo mindset do setor.

Capítulo 10: Política e Regulação de IA

À medida que a Inteligência Artificial (IA) se consolida como uma tecnologia de propósito geral, permeando virtualmente todos os setores da economia e aspectos da vida social, a formulação de políticas e a criação de marcos regulatórios eficazes tornam-se imperativos globais e nacionais. A capacidade da IA de tomar decisões autônomas, processar vastas quantidades de dados, gerar conteúdo novo e influenciar o comportamento humano levanta questões complexas que transcendem a mera inovação tecnológica, tocando em direitos fundamentais, equidade, segurança e a própria estabilidade sociopolítica. O período de 2024-2025 tem sido marcado por um esforço intensificado em todo o mundo para traduzir princípios éticos em normas concretas, com "eventos" legislativos significativos e um debate cada vez mais sofisticado sobre como governar essa poderosa ferramenta.

10.1 A Necessidade Inadiável de Políticas de IA

A proliferação de sistemas de IA, desde algoritmos de recomendação e IA generativa até aplicações de alto risco em áreas como saúde, justiça e infraestrutura crítica, sublinha a urgência de políticas públicas bem delineadas. Essas políticas não visam apenas mitigar riscos, mas também orientar o desenvolvimento da IA de forma a maximizar seus benefícios sociais e econômicos, garantindo que a inovação ocorra de maneira responsável e alinhada com os valores democráticos.

Fatores Impulsionadores e "Eventos" Recentes (2024-2025):

- **Impactos Sociais e Econômicos Crescentes:** Conforme discutido nos capítulos anteriores, a IA está transformando o mercado de trabalho, a economia, as interações sociais e o acesso à informação. A necessidade de políticas que abordem o deslocamento de empregos, a requalificação da força de trabalho, a concentração de mercado e a disseminação de desinformação tornou-se evidente. O Fórum Econômico Mundial, em seu relatório de Riscos Globais de 2024, já apontava a desinformação (muitas vezes potencializada por IA) como um dos maiores riscos no curto prazo.

- **Incidentes e Controvérsias Envolvendo IA:** Casos de vieses algorítmicos resultando em discriminação, o uso indevido de tecnologias de reconhecimento facial (como o caso da Clearview AI, discutido no Capítulo 6), a proliferação de *deepfakes* com potencial para manipulação política e fraudes, e as preocupações com a segurança de sistemas de IA autônomos (por exemplo, em veículos ou sistemas de armas) são "eventos" que continuamente reforçam a necessidade de supervisão e regulação. Em fevereiro de 2025, a Europol alertou sobre o uso crescente de IA por organizações criminosas, destacando a sofisticação de fraudes e a distribuição de material ilícito gerado por IA.

- **Desafios da IA Generativa:** A rápida popularização de modelos de IA generativa (como ChatGPT, Gemini, etc.) trouxe à tona novos desafios relacionados à propriedade intelectual, autenticidade do conteúdo, plágio e o potencial de uso para criar desinformação em massa ou realizar ataques cibernéticos mais sofisticados.

- **Proteção de Direitos Fundamentais:** A IA pode impactar diretamente direitos como privacidade, liberdade de expressão, não discriminação e o devido processo legal. Políticas são necessárias para garantir que a implementação da IA não infrinja esses direitos.

- **Segurança e Confiabilidade:** Para sistemas de IA considerados de alto risco (por exemplo, em dispositivos médicos, controle de tráfego aéreo, infraestrutura crítica), políticas e padrões rigorosos são essenciais para garantir sua segurança, confiabilidade e robustez. A Lei de IA da UE, por exemplo, impõe requisitos estritos para tais sistemas.

A ausência de políticas claras pode levar a um desenvolvimento caótico da IA, minar a confiança pública na tecnologia e impedir que seus benefícios sejam amplamente compartilhados.

10.2 Regulamentação Global da IA: Avanços e Abordagens Divergentes

O caráter transfronteiriço da IA e de seus dados associados torna a cooperação e a harmonização regulatória internacional um objetivo desejável, embora complexo. Diferentes nações e blocos econômicos têm avançado em suas próprias abordagens, refletindo prioridades e valores distintos.

Principais "Eventos" e Tendências Regulatórias (2024-2025):

- **União Europeia (UE) e o AI Act:**

    o O **AI Act da UE** é considerado a primeira tentativa abrangente do mundo de regular a IA. Aprovado pelo Parlamento Europeu em março de 2024, o regulamento entrou em vigor em agosto de 2024, com suas disposições sendo aplicadas de forma faseada.

- Abordagem Baseada em Risco: O AI Act categoriza os sistemas de IA em quatro níveis de risco: inaceitável (proibido), alto risco (sujeito a requisitos rigorosos), risco limitado (obrigações de transparência) e risco mínimo (pouca ou nenhuma regulação).

- Proibições e Requisitos para Alto Risco: Aplicações proibidas incluem manipulação cognitivo-comportamental de grupos vulneráveis e pontuação social por governos. Sistemas de IA de alto risco (usados em produtos como dispositivos médicos, automóveis, ou em áreas como emprego, aplicação da lei e serviços essenciais) devem passar por avaliação de conformidade antes de serem colocados no mercado e durante todo o seu ciclo de vida. As proibições de práticas de IA de risco inaceitável começaram a ser aplicadas a partir de fevereiro de 2025.

- Governança e Fiscalização: O AI Act estabelece o "AI Board" (Comitê Europeu de Inteligência Artificial) e exige que os Estados-membros designem autoridades nacionais competentes para supervisionar e fiscalizar o cumprimento da lei. As regras para sistemas de IA de alto risco entrarão em vigor em grande parte a partir de agosto de 2026.

- o **Impacto Extraterritorial:** O AI Act tem um alcance extraterritorial, aplicando-se a provedores e usuários de sistemas de IA cujos resultados são produzidos ou utilizados na UE, independentemente de onde estejam estabelecidos.

- **Brasil e o Marco Legal da IA (PL 2338/2023):**

  - o O Projeto de Lei nº 2338/2023, que visa estabelecer o marco legal para o uso da Inteligência Artificial no Brasil, foi **aprovado no Senado em dezembro de 2024** e seguiu para análise da Câmara dos Deputados.

  - o **Abordagem Baseada em Riscos e Direitos:** Similarmente ao AI Act, a proposta brasileira adota uma abordagem baseada em riscos, classificando os sistemas de IA e estabelecendo regras específicas para desenvolvedores e implementadores. Ela também assegura uma série de direitos às pessoas afetadas pelos sistemas de IA, como direito à informação prévia, privacidade, não discriminação e correção de vieses.

- o **Autoridade Competente:** O texto estabelece a Autoridade Nacional de Proteção de Dados (ANPD) como a autoridade competente para fiscalizar, aplicar sanções e expedir normas complementares. A ANPD já vinha contribuindo com análises e propostas para o PL.

- o **Incentivo à Inovação Responsável:** O projeto busca equilibrar a proteção de direitos com o incentivo à inovação, prevendo, por exemplo, critérios distintos para sistemas ofertados por micro e pequenas empresas e startups. A discussão sobre "sandboxes regulatórios" para IA também faz parte do cenário.

- **Estados Unidos:** A abordagem dos EUA tem sido mais setorial e focada em promover a inovação, com menos ênfase em uma legislação federal abrangente como a da UE. No entanto, há um movimento crescente por maior regulamentação, com ordens executivas presidenciais sobre IA e diretrizes de agências como a FTC (Comissão Federal de Comércio) abordando questões de concorrência, privacidade e práticas enganosas relacionadas à IA.

- **China:** A China possui uma estratégia nacional ambiciosa para liderança em IA, com regulamentações que evoluem rapidamente, focando tanto no desenvolvimento tecnológico quanto no controle social e na gestão de algoritmos, especialmente os de recomendação e IA generativa.

- **Organizações Internacionais (OCDE, ONU, G7, G20):** Estas organizações desempenham um papel importante na promoção do diálogo, no desenvolvimento de princípios éticos (como os Princípios de IA da OCDE) e na busca por convergência em abordagens regulatórias. O Fórum Econômico Mundial também destaca a necessidade de cooperação global para aproveitar os benefícios da IA e minimizar seus riscos, mesmo em um cenário de crescente incerteza geopolítica. A presidência brasileira do BRICS em 2025 tem como uma de suas prioridades a governança da IA para o desenvolvimento e inclusão social.

A tendência global aponta para uma maior regulação da IA, mas com nuances significativas entre as diferentes jurisdições, refletindo um equilíbrio complexo entre fomentar a inovação, proteger os cidadãos e considerar as implicações geopolíticas.

10.3 Desafios na Criação de Regulamentos de IA

A tarefa de criar regulamentos eficazes para a Inteligência Artificial é inerentemente complexa e repleta de desafios, dada a natureza dinâmica da tecnologia, seus impactos abrangentes e a diversidade de interesses envolvidos.

Principais Desafios (2024-2025):

- **Ritmo da Inovação vs. Tempo da Legislação:** A IA evolui em uma velocidade exponencial, enquanto os processos legislativos são, por natureza, mais lentos e deliberativos. Isso cria o risco de que as regulamentações se tornem obsoletas rapidamente ou que sufoquem a inovação se forem excessivamente prescritivas.

- **Definição e Escopo:** Definir o que constitui "Inteligência Artificial" para fins regulatórios e determinar o escopo de aplicação das leis é um desafio fundamental. A diversidade de aplicações de IA, desde algoritmos simples até sistemas complexos de aprendizado profundo, dificulta uma abordagem única.

- **Equilíbrio entre Inovação e Segurança/Ética:** Um dos maiores dilemas é encontrar o equilíbrio certo entre promover a inovação e a competitividade econômica e, ao mesmo tempo, garantir a segurança, proteger os direitos fundamentais e mitigar riscos éticos. Regulamentações excessivamente onerosas podem desencorajar o desenvolvimento, especialmente para startups e pequenas empresas, enquanto uma regulação frouxa pode levar a consequências sociais negativas.

- **Desafios da IA Generativa:** A IA generativa apresenta desafios regulatórios específicos, incluindo:

  o **Propriedade Intelectual:** Como proteger os direitos autorais de obras usadas para treinar modelos e como tratar a autoria de conteúdo gerado por IA.

  o **Desinformação e *Deepfakes*:** Como regular a criação e disseminação de conteúdo sintético enganoso sem cercear a liberdade de expressão.

  o **Transparência e Rotulagem:** A necessidade de identificar claramente o conteúdo gerado por IA.

  o **Responsabilidade por Conteúdo Prejudicial:** Determinar quem é responsável quando a IA generativa produz informações falsas, difamatórias ou perigosas.

- **Governança de Dados:** A IA depende de grandes volumes de dados. Regulamentar o acesso, uso, qualidade e segurança desses dados, em conformidade com leis de proteção de dados como a LGPD no Brasil e o GDPR na Europa, é um desafio central, especialmente no contexto de treinamento de modelos de IA.

- **Vieses e Discriminação Algorítmica:** Criar regulamentos que efetivamente previnam e corrijam vieses em sistemas de IA, garantindo a equidade e a não discriminação, é tecnicamente e legalmente complexo. É preciso definir o que constitui um viés "injusto" e como auditá-lo.

- **Aplicação e Fiscalização (*Enforcement*):** Mesmo com leis em vigor, a fiscalização eficaz da IA é um desafio, exigindo conhecimento técnico especializado por parte das autoridades reguladoras, recursos adequados e mecanismos para monitorar sistemas de IA em constante evolução. A ANPD no Brasil, por exemplo, tem se preparado para essa função.

- **Cooperação Internacional e Fragmentação Regulatória:** A falta de harmonização regulatória global pode levar à fragmentação do mercado digital, criar incerteza jurídica para empresas que operam internacionalmente e dificultar a resposta a desafios transfronteiriços, como o uso malicioso da IA. Tensões geopolíticas podem complicar ainda mais os esforços de cooperação.

- **"Caixa-Preta" e Explicabilidade (XAI):** A natureza de "caixa-preta" de muitos algoritmos de aprendizado profundo torna difícil entender como eles chegam a determinadas decisões. Regulamentar a necessidade de explicabilidade sem comprometer a eficácia dos modelos é um desafio técnico.

- **Adaptação e Flexibilidade Regulatória:** Dada a rápida evolução da IA, os marcos regulatórios precisam ser flexíveis e adaptáveis, permitindo atualizações e ajustes conforme a tecnologia e seus impactos se desenvolvem. Abordagens como "sandboxes regulatórios" podem oferecer um ambiente controlado para testar inovações em IA sob supervisão regulatória.

A criação de regulamentos para a IA é um processo iterativo e de aprendizado contínuo, que exige diálogo constante entre legisladores, especialistas em tecnologia, empresas, academia e a sociedade civil para garantir que as normas sejam robustas, justas e capazes de acompanhar a vanguarda tecnológica, fomentando uma IA que seja verdadeiramente benéfical.

Capítulo 11: Pesquisa Futura em IA

À medida que a Inteligência Artificial (IA) continua sua trajetória de evolução exponencial, a pesquisa futura se desdobra em múltiplas frentes, buscando não apenas expandir as fronteiras do que é tecnologicamente possível, mas também compreender e moldar profundamente seu impacto na sociedade, na ciência, na economia e na própria condição humana. O período de 2024-2025 é testemunha de uma aceleração notável, com tendências emergentes ganhando tração, previsões audaciosas sendo debatidas e novas áreas de investigação surgindo para enfrentar os grandes desafios e as oportunidades monumentais que a IA avançada apresenta. Este capítulo mergulha nas correntes mais promissoras da pesquisa em IA, nas projeções que definem o futuro e nos campos que demandarão a atenção e o engenho dos pesquisadores nos próximos anos.

11.1 Tendências Emergentes em IA: Além das Fronteiras Atuais

A pesquisa em IA está se movendo rapidamente para além dos modelos de aprendizado profundo que dominaram a última década, explorando novos paradigmas e capacidades que prometem sistemas mais robustos, eficientes, generalizáveis e alinhados com os objetivos humanos.

Principais Tendências e "Eventos" Científicos (2024-2025):

- **Agentes de IA (AI Agents):** Esta é, possivelmente, a tendência mais quente e com maior potencial de transformação para 2025. Diferentemente de modelos passivos que respondem a prompts, os Agentes de IA são sistemas projetados para perceber seu ambiente, tomar decisões, executar ações autônomas e aprender com os resultados para atingir objetivos complexos e em múltiplas etapas.

  - **Evolução de Ferramentas Baseadas em Conhecimento para Sistemas de Ação:** A McKinsey destaca que os Agentes de IA representam a próxima fronteira da IA generativa, transitando de ferramentas de conhecimento para sistemas capazes de executar fluxos de trabalho complexos.

  - **Autonomia e Capacidade de Raciocínio:** Esses agentes demonstram capacidades crescentes de planejamento, raciocínio e uso de ferramentas (como APIs, motores de busca, executores de código) para interagir com o mundo digital e, potencialmente, físico.

- ○ **Aplicações Emergentes:** Simplificação de operações empresariais, assistentes virtuais proativos e personalizados, automação de tarefas de pesquisa científica e desenvolvimento de software.

- **IA Multimodal Avançada:** A capacidade da IA de processar, entender e gerar informações a partir de múltiplos tipos de dados simultaneamente (texto, imagem, áudio, vídeo, dados de sensores) continuou a avançar significativamente em 2024-2025.

  - ○ **Compreensão Contextual Mais Rica:** A IA multimodal permite uma interpretação do mundo mais próxima da cognição humana, capturando nuances que seriam perdidas em análises unimodais.

  - ○ **Novas Aplicações:** Desde diagnósticos médicos mais precisos (combinando imagens e relatórios textuais) até experiências de aprendizado mais imersivas e sistemas de vigilância mais eficazes. Empresas como Bayer e Prudential já utilizam IA multimodal para transformar seus negócios.

- **IA Generativa com Maior Controle e Confiabilidade:** Embora a IA generativa

(ChatGPT, DALL-E, Midjourney, Sora) já seja uma realidade, a pesquisa futura foca em:

- **Redução de "Alucinações":** Aumentar a veracidade e a factualidade das informações geradas.

- **Maior Controlabilidade:** Desenvolver interfaces e técnicas (como *fine-tuning* avançado) que permitam aos usuários controlar com mais precisão o estilo, o tom, o conteúdo e o comportamento dos modelos generativos.

- **IA Generativa para Ciência:** Utilização de modelos generativos para acelerar a descoberta científica, por exemplo, no design de novas moléculas, proteínas ou materiais.

- **IA Explicável (XAI) e Interpretabilidade:** Com a crescente complexidade dos modelos de IA e sua aplicação em domínios críticos, a necessidade de tornar seus processos de decisão transparentes e compreensíveis para humanos (XAI) é mais urgente do que nunca. A pesquisa foca em desenvolver novas técnicas para "abrir a caixa-preta" dos modelos de *deep learning*.

- **IA Neuro-Simbólica:** Esta abordagem busca combinar as forças do aprendizado de máquina baseado em redes neurais (que são boas em aprender com dados) com a representação de conhecimento e o raciocínio lógico dos sistemas simbólicos (IA clássica). O objetivo é criar sistemas de IA que possam aprender com dados, mas também raciocinar sobre o conhecimento de forma mais abstrata e robusta.

- **Aprendizado de Máquina com Menos Dados e Maior Eficiência:**

  - *Few-Shot Learning (FSL)* e *Zero-Shot Learning (ZSL)*: Pesquisas intensas buscam capacitar modelos de IA a aprender novas tarefas com muito poucos exemplos rotulados (FSL) ou mesmo sem nenhum exemplo específico da nova tarefa (ZSL), utilizando conhecimento transferido de tarefas anteriores. Isso é crucial para domínios onde dados rotulados são escassos, caros ou difíceis de obter (ex: doenças raras).

  - **Aprendizado Auto-Supervisionado Avançado:** Desenvolver métodos que permitam aos modelos aprender representações úteis a partir de grandes quantidades de dados não rotulados,

reduzindo a dependência da custosa
rotulagem manual.

- **Computação Quântica para IA (Quantum AI):** Embora ainda em estágios iniciais, a computação quântica promete revolucionar certos tipos de cálculos complexos que são intratáveis para computadores clássicos. Em 2025, a computação quântica começa a sair dos laboratórios para se tornar uma ferramenta mais palpável, com potencial para acelerar algoritmos de otimização, amostragem e aprendizado de máquina para problemas específicos.

- **Hardware Especializado para IA:**

  - **Chips Neuromórficos:** Inspirados na arquitetura do cérebro humano, esses chips são projetados para processar informações de forma mais eficiente em termos de energia e velocidade para tarefas de IA. A Intel, com seu sistema Hala Point (o maior sistema neuromórfico do mundo em 2024), visa impulsionar a pesquisa em IA inspirada no cérebro, prometendo realizar inferência de IA e resolver problemas de otimização usando 100 vezes menos energia e em velocidades até 50 vezes

mais rápidas que arquiteturas
convencionais.

- o **Computação Fotônica:** Utiliza luz
  (fótons) em vez de eletricidade para
  realizar cálculos, prometendo
  velocidades muito maiores e menor
  consumo de energia. A Finep no Brasil,
  por exemplo, apoiou em 2024 o
  desenvolvimento de um chip fotônico
  para aumentar a capacidade de
  transmissão de dados.

- o **IA na Borda (*Edge AI*):**
  Desenvolvimento de hardware e
  algoritmos mais eficientes para executar
  IA diretamente em dispositivos locais
  (smartphones, sensores, carros),
  reduzindo a latência e a dependência
  de conectividade com a nuvem.

- **IA e Sustentabilidade:** Uma tendência
  crescente é o desenvolvimento de algoritmos
  de IA mais eficientes em termos energéticos
  ("Green AI") e a aplicação da IA para resolver
  desafios de sustentabilidade, como otimização
  do uso de energia, modelagem climática e
  conservação da biodiversidade.

Estas tendências não são mutuamente exclusivas;
muitas vezes, os maiores avanços ocorrem na
interseção delas, como Agentes de IA multimodais
operando em hardware neuromórfico.

11.2 Previsões para o Futuro da IA: AGI, Singularidade e o Amanhã Reimaginado

As previsões sobre o futuro da IA variam de otimismo cauteloso a cenários de transformação radical da civilização. O debate em torno da Inteligência Artificial Geral (AGI) – IA com capacidade cognitiva humana em uma ampla gama de tarefas – e da Superinteligência Artificial (ASI) – IA que excede vastamente a inteligência humana – intensificou-se em 2024-2025.

Projeções e Debates Centrais (2024-2025):

- **Linhas do Tempo para AGI:**

    o Alguns especialistas e pesquisadores proeminentes preveem a emergência da AGI em um futuro relativamente próximo. Um relatório da RDD10+ de abril de 2025 sugere que a AGI poderia emergir por volta de 2027, com a ASI potencialmente surgindo logo em seguida, em 2028, impulsionada pela própria IA acelerando sua pesquisa e desenvolvimento (P&D). Essa aceleração seria alimentada por agentes de IA se tornando especialistas em codificação e pesquisa científica, automatizando o desenvolvimento de IA e executando experimentos em massa.

- Outras previsões, como as de Ray Kurzweil, situam a "Singularidade" – um ponto hipotético onde o crescimento tecnológico se torna incontrolável e irreversível, resultando em mudanças imprevisíveis na civilização humana devido à criação de uma superinteligência – por volta de 2045. Kurzweil argumenta que o ritmo da inovação está aumentando exponencialmente.

- **Impacto da AGI/ASI:**

  - **Avanços Exponenciais:** A chegada da AGI, e subsequentemente da ASI, poderia levar a avanços inimagináveis em ciência, medicina, tecnologia e na resolução de problemas globais complexos. A capacidade de processar e aprender informações em velocidades e profundidades muito além das humanas poderia revolucionar todos os campos do conhecimento.

  - **Riscos Existenciais e o "Problema do Alinhamento":** Uma das preocupações mais significativas é o "problema do alinhamento": como garantir que os objetivos de uma AGI/ASI estejam alinhados com os valores e o bem-estar da humanidade. O desenvolvimento de uma superinteligência cujos objetivos divergissem dos nossos poderia representar um risco existencial. O debate sobre "P(doom)" (probabilidade de desastre) é uma parte importante dessa discussão.

- **A Corrida pela Supremacia em IA:** A competição geopolítica, especialmente entre EUA e China, pela liderança em IA é um fator que pode acelerar o desenvolvimento, mas também aumentar os riscos se a segurança e a ética forem negligenciadas em prol da velocidade.

- **IA "Invisível" e Onipresente:** Independentemente da chegada da AGI, a IA continuará a se tornar mais integrada e "invisível" em nosso cotidiano, moldando nossas interações com a tecnologia de formas que podem nem ser percebidas. Humanos sintéticos e avatares digitais que replicam emoções e comportamentos tornarão as interações digitais mais "humanas".

- **Necessidade de Medidas Proativas:** Especialistas enfatizam a urgência de medidas proativas, como maior transparência no desenvolvimento de IA avançada, proteção para denunciantes que alertem sobre riscos, e coordenação internacional para estabelecer salvaguardas.

É crucial notar que as previsões sobre AGI e Singularidade são especulativas e objeto de intenso debate na comunidade científica. Muitos pesquisadores são mais céticos em relação a cronogramas tão curtos e enfatizam os imensos desafios técnicos e conceituais que ainda precisam ser superados.

11.3 Áreas Potenciais para Pesquisa Futura em IA: Desafios e Oportunidades

O futuro da pesquisa em IA será definido pela busca de soluções para problemas fundamentais ainda não resolvidos, pela exploração de novas fronteiras interdisciplinares e pela resposta aos grandes desafios da humanidade.

Grandes Desafios e Fronteiras de Pesquisa (2024-2025 e além):

- **Raciocínio de Senso Comum:** Dotar a IA da vasta base de conhecimento implícito e da capacidade de raciocínio de senso comum que os humanos usam sem esforço para navegar no mundo continua sendo um dos maiores desafios.

- **Aprendizado Contínuo e Adaptabilidade Robusta (Lifelong Learning):** Desenvolver sistemas de IA que possam aprender continuamente com novas informações e se adaptar a ambientes dinâmicos e imprevisíveis sem esquecer catastroficamente o conhecimento anterior (esquecimento catastrófico).

- **IA Confiável e Robusta:**

    - **Segurança contra Ataques Adversariais:** Tornar os modelos de IA mais robustos contra manipulações sutis (ataques adversariais) que podem levar a erros catastróficos com consequências graves, especialmente em sistemas críticos.
    - **Verificação Formal e Garantia de Comportamento:** Desenvolver métodos para verificar formalmente as propriedades dos sistemas de IA e garantir que seu comportamento permaneça dentro de limites seguros e éticos.

- **Ética e Alinhamento de IA Avançada:** À medida que a IA se aproxima de capacidades mais gerais, a pesquisa sobre como incorporar valores éticos complexos, garantir o alinhamento com as intenções humanas e prevenir comportamentos indesejados em AGIs se torna primordial. A governança de IA, especialmente para modelos de alto impacto, é uma área de pesquisa crucial.

- **IA e a Natureza da Inteligência:** A pesquisa na interseção da IA e da neurociência busca não apenas inspirar novas arquiteturas de IA baseadas no cérebro, mas também usar a IA como ferramenta para entender melhor a própria inteligência humana, a cognição e a consciência. O Human Brain Project é um exemplo de simulação do comportamento cerebral com auxílio de IA.

- **IA para Descoberta Científica Acelerada:** Utilizar IA como um "cientista virtual" ou "colaborador de pesquisa" para formular hipóteses, projetar experimentos, analisar dados complexos e acelerar o ciclo de descobertas em campos como medicina, ciência dos materiais, física e climatologia.

- **IA e Criatividade Aumentada:** Explorar como a IA pode colaborar com humanos em processos criativos, não apenas gerando artefatos, mas atuando como uma parceira na ideação, exploração e refinamento de novas formas de arte, música, design e literatura.

- **IA para Sustentabilidade Global:** Desenvolver e aplicar IA para enfrentar os desafios da mudança climática, da perda de biodiversidade, da gestão de recursos naturais e da transição para uma economia circular e de baixo carbono.

- **Democratização do Acesso e Desenvolvimento de IA:** Pesquisar métodos e plataformas que tornem o desenvolvimento e o uso de IA mais acessíveis a pesquisadores, empresas e comunidades em todo o mundo, incluindo aquelas com menos recursos, para garantir que os benefícios da IA sejam distribuídos de forma mais equitativa.

- **Interação Humano-IA Colaborativa e Intuitiva:** Projetar sistemas de IA que possam interagir e colaborar com humanos de forma mais natural, intuitiva e eficaz, compreendendo o contexto, a intenção e os estados emocionais humanos.

A pesquisa futura em IA não será apenas sobre construir máquinas mais inteligentes, mas sobre construir um futuro onde a inteligência artificial e a humana possam coexistir e colaborar para resolver os problemas mais prementes e realizar o potencial mais elevado da humanidade. Este é um campo que exige não apenas brilhantismo técnico, mas também profunda reflexão ética e uma visão de longo prazo para o impacto da tecnologia na sociedade.

Capítulo 12: Ética e Responsabilidade na IA

À medida que a Inteligência Artificial (IA) se enraíza cada vez mais profundamente no tecido da nossa sociedade – influenciando desde decisões cotidianas até operações críticas em setores como saúde, finanças, justiça e segurança – as questões de ética e responsabilidade emergem com uma urgência e complexidade sem precedentes. O ano de 2025 nos encontra em um ponto de inflexão: a capacidade da IA avança em ritmo vertiginoso, especialmente com a maturação da IA generativa e as discussões incipientes sobre a Inteligência Artificial Geral (AGI), tornando imperativo um debate robusto e contínuo sobre os valores que devem guiar seu desenvolvimento e aplicação. Este capítulo mergulha nas questões éticas emergentes, nos persistentes desafios à privacidade e nos caminhos para fomentar um desenvolvimento verdadeiramente responsável da IA, buscando não apenas apresentar fatos, mas estimular uma discussão crítica sobre o futuro que estamos construindo com essas tecnologias.

12.1 Questões Éticas Emergentes e a Expansão dos Dilemas na IA

Os dilemas éticos clássicos da IA, como vieses algorítmicos e o impacto no emprego, permanecem relevantes, mas novas fronteiras tecnológicas em 2024-

2025 trouxeram à tona um espectro ainda mais amplo de considerações morais e sociais.

Novos e Intensificados Desafios Éticos (2024-2025):

- **IA Generativa: Autenticidade, Propriedade Intelectual e Manipulação:**

  - **Autenticidade e Confiança:** A capacidade de IAs generativas criarem textos, imagens, áudios e vídeos ultrarrealistas (*deepfakes*) levanta sérias questões sobre a autenticidade da informação e a erosão da confiança. A dificuldade em distinguir conteúdo real de sintético tem implicações profundas para o jornalismo, a evidência legal e o discurso público.

  - **Propriedade Intelectual:** O treinamento de modelos de IA generativa com vastos conjuntos de dados da internet, muitas vezes incluindo material protegido por direitos autorais sem consentimento explícito dos criadores, gerou intensos debates legais e éticos sobre a titularidade das obras geradas e a justa compensação aos artistas e autores originais. Em 2024, 59% dos respondentes de uma pesquisa acreditavam que a IA pode enfraquecer a propriedade intelectual.

- Manipulação e Desinformação em Massa: A facilidade de criar *deepfakes* e narrativas falsas personalizadas representa uma ameaça significativa à democracia, com potencial para manipulação eleitoral, difamação e incitação ao ódio em escala sem precedentes.

- **Autonomia, Agência e Responsabilidade de Sistemas Avançados:**

  - **Agentes de IA Autônomos:** Com o desenvolvimento de "Agentes de IA" capazes de realizar tarefas complexas e tomar decisões com maior autonomia, a questão da responsabilidade por suas ações (ou falhas) torna-se ainda mais nebulosa. Se um agente de IA autônomo causa dano financeiro ou físico, quem é o responsável: o desenvolvedor, o proprietário, o usuário ou o próprio agente (uma noção ainda legalmente complexa)?

  - **O "Problema do Controle" para AGI:** Embora a AGI ainda seja teórica, a pesquisa em direção a ela intensifica o debate sobre o "problema do controle" — como garantir que uma inteligência artificial significativamente mais capaz que a humana permaneça alinhada com os valores e objetivos humanos e não represente um risco existencial.

- **Neurodireitos e a Fronteira da Mente:**

  - O avanço das neurotecnologias integradas com IA, que permitem interfaces cérebro-computador mais sofisticadas, levanta a necessidade de proteger a "última fronteira" da privacidade humana: a mente. **Neurodireitos** emergem como um campo para garantir a privacidade mental (pensamentos e emoções não podem ser decodificados sem consentimento), a identidade pessoal (proteção contra alteração da auto-percepção por neurotecnologias), o livre arbítrio (proteção contra manipulação externa de decisões) e o acesso equitativo a tecnologias de aumento mental. O Chile foi pioneiro ao reconhecer esses direitos em sua constituição, e no Brasil, a PEC 29/23 visa incluir a proteção da integridade mental na Constituição Federal.

- **Justiça Algorítmica e Equidade:**

  - Apesar dos esforços, garantir que os sistemas de IA sejam justos e não

177

discriminatórios continua sendo um desafio central. Vieses podem ser sutis e emergir de interações complexas entre dados, algoritmos e contextos de uso. A discussão atual foca em como definir "justiça" em diferentes contextos e como implementar auditorias e correções de vieses de forma eficaz e contínua.

- **Impacto Ambiental da IA:** O crescente consumo de energia e recursos para treinar e operar grandes modelos de IA levanta questões éticas sobre a sustentabilidade da tecnologia, especialmente em um contexto de emergência climática.

- **Dignidade Humana e o Valor do Trabalho:** À medida que a IA assume tarefas cada vez mais cognitivas, reabre-se o debate sobre o valor intrínseco do trabalho humano, a dignidade e o propósito em uma sociedade onde muitas funções tradicionais podem se tornar obsoletas.

A discussão ética em 2025 não se limita a identificar problemas, mas busca ativamente mecanismos de antecipação, mitigação e governança para um futuro onde a IA e a humanidade possam coexistir de forma benéfica.

12.2 Desafios da Privacidade na Era da IA: Vigilância, Governança de Dados e Identidade Digital

A privacidade, um direito humano fundamental, enfrenta ameaças cada vez mais sofisticadas na era da IA. A capacidade da IA de inferir informações sensíveis a partir de dados aparentemente benignos, combinada com a proliferação de sensores e a digitalização da vida, cria um cenário onde a vigilância pode se tornar onipresente e a autonomia individual, erodida.

Desafios Aprofundados e "Eventos" (2024-2025):

- **Governança de Dados para IA:** A qualidade, a proveniência e o uso ético dos dados de treinamento são cruciais.

  - **Consentimento e Propriedade dos Dados:** O debate sobre o consentimento informado para o uso de dados pessoais no treinamento de modelos de IA continua. Muitos modelos são treinados com dados públicos da internet, levantando questões sobre a expectativa de privacidade e os direitos dos criadores de conteúdo.

  - **Minimização e Anonimização de Dados:** Embora técnicas de anonimização e pseudonimização sejam empregadas, a IA avançada pode, em alguns casos, ser capaz de re-identificar indivíduos a partir de conjuntos de dados supostamente anônimos, tornando a proteção robusta um desafio técnico e conceitual constante.

- **Identidade Digital e Riscos de Fraude:**

  - **Deepfakes e Identidades Sintéticas:** O uso de IA para criar *deepfakes* e identidades sintéticas para fins fraudulentos (como abertura de contas falsas, golpes financeiros ou manipulação) é uma ameaça crescente em 2025. Isso exige novos mecanismos de autenticação biométrica e verificação de identidade. Países como Tailândia e Vietnã já implementam verificações biométricas para transações financeiras como resposta.

  - **Segurança da Identidade Digital:** Com governos e empresas acelerando a adoção de sistemas de identidade digital, a segurança e a privacidade desses sistemas, especialmente quando integrados com IA para autenticação, tornam-se primordiais.

- **Vigilância Pervasiva e o "Efeito Arrepiador":** A combinação de reconhecimento facial, análise de comportamento por IA e a interconexão de dispositivos IoT cria o potencial para uma vigilância quase constante por atores estatais e corporativos. Isso pode levar a um "efeito arrepiador" (*chilling effect*), onde indivíduos autocensuram seu comportamento e expressão por medo de serem monitorados ou penalizados.

- **Privacidade no Local de Trabalho e em Espaços Públicos:** A IA é cada vez mais usada para monitorar a produtividade de funcionários, o comportamento de consumidores em lojas e a movimentação de cidadãos em espaços públicos, levantando sérias questões éticas e de privacidade que exigem delimitações claras.

- **Desafios Regulatórios:**

  - A aplicação de leis de proteção de dados, como a LGPD no Brasil e o GDPR na Europa, a sistemas de IA complexos e globais apresenta desafios significativos de fiscalização e interpretação.

  - A necessidade de regulamentações específicas para dados usados no treinamento de IA e para a transparência dos algoritmos de perfilamento é um tema central de debate.

Proteger a privacidade na era da IA exige uma abordagem multifacetada que combine legislação robusta, tecnologias de aprimoramento da privacidade (PETs), conscientização pública e um forte compromisso ético por parte dos desenvolvedores e implementadores de IA.

12.3 Desenvolvimento Responsável da IA: Da Teoria à Prática Concreta

O conceito de "Desenvolvimento Responsável da IA" evoluiu de um conjunto de princípios abstratos para uma busca por práticas concretas, mecanismos de *accountability* (responsabilização) e estruturas de governança robustas. O objetivo é garantir que a IA seja desenvolvida e implantada de maneira a maximizar seus benefícios sociais e minimizar seus riscos, com um foco central na segurança, justiça, transparência e respeito aos direitos humanos.

Avanços e Discussões em Práticas Responsáveis (2024-2025):

- **Frameworks de Governança de IA e** *Accountability* **Corporativa:**

    o Empresas líderes estão cada vez mais estabelecendo comitês internos de ética em IA, nomeando *Chief AI Ethics Officers* (ou funções equivalentes) e implementando frameworks de governança para supervisionar o ciclo de vida dos sistemas de IA.

- o No entanto, a implementação efetiva da *accountability* continua sendo um desafio. Auditores apontam que muitas empresas ainda subestimam o risco institucional de não dispor de mecanismos robustos de responsabilização, com sistemas de IA operando sem supervisão contínua ou avaliação de impacto adequada.

- **Auditorias Éticas e Avaliações de Impacto Algorítmico:**

  - o A necessidade de auditorias éticas independentes para sistemas de IA, especialmente os de alto risco, está ganhando reconhecimento. Essas auditorias visam identificar e mitigar vieses, garantir a conformidade com princípios éticos e regulamentações, e avaliar o impacto social dos sistemas.

  - o O AI Act europeu, por exemplo, exige que sistemas de IA de alto risco disponham de auditoria interna documentada e análise de impacto.

- **Transparência e Explicabilidade (XAI) na Prática:**

  - Além da pesquisa em XAI, há um movimento para que as empresas forneçam informações mais claras aos usuários sobre como os sistemas de IA tomam decisões que os afetam, especialmente em áreas como crédito, emprego e saúde. O "direito à explicação" é um componente de várias propostas regulatórias.

- **Participação Pública e Cocriação:** Reconhece-se cada vez mais a importância de envolver diversas partes interessadas — incluindo o público, comunidades afetadas e especialistas de diferentes áreas — no debate sobre a governança da IA e no design de sistemas éticos.

- **Desenvolvimento e Adoção de Padrões Técnicos:** Organizações como ISO, IEEE e ANSI estão trabalhando no desenvolvimento de padrões técnicos para a segurança, confiabilidade e interoperabilidade de sistemas de IA, o que é crucial para um desenvolvimento responsável.

- **Segurança por Design (*Security by Design*) em IA:** Incorporar considerações de segurança e robustez desde as fases iniciais de desenvolvimento de sistemas de IA é fundamental para prevenir vulnerabilidades e usos maliciosos. Isso inclui proteção de dados de treinamento, controles de acesso e monitoramento de anomalias.

- **Responsabilidade Civil por Danos Causados pela IA:**

  - Um dos debates legais mais intensos em 2024-2025 gira em torno de como atribuir responsabilidade civil quando um sistema de IA causa dano. Instrumentos legais existentes, como o Código Civil e o Código de Defesa do Consumidor no Brasil, oferecem diretrizes, mas carecem de especificidade para a autonomia e complexidade da IA.

  - Discute-se a adequação da teoria da responsabilidade objetiva (onde o fornecedor é responsável independentemente de culpa) para sistemas de IA, dada sua imprevisibilidade em alguns casos. A necessidade de um marco legal que preveja responsabilidades claras para desenvolvedores, operadores e usuários é um consenso emergente.

- **Cooperação Internacional em Governança de IA:**

  - Dada a natureza global da IA, a cooperação internacional é vista como essencial, embora desafiadora devido a tensões geopolíticas. Fóruns como o G7, G20, ONU e OCDE continuam a promover o diálogo sobre normas e princípios comuns.

  - A Presidência brasileira do BRICS em 2025, por exemplo, colocou a governança da IA para o desenvolvimento e inclusão social como uma prioridade, buscando o intercâmbio de experiências entre os países membros.

O desenvolvimento responsável da IA é um imperativo para construir confiança na tecnologia e garantir que sua trajetória futura seja benéfica para a humanidade. Isso exige um compromisso contínuo com a reflexão ética, a adaptação regulatória, a inovação em governança e uma colaboração global genuína. A IA, como ferramenta, tem o potencial de resolver grandes desafios, mas apenas se seu desenvolvimento e uso forem guiados pela sabedoria, prudência e um profundo senso de responsabilidade para com as gerações presentes e futuras.

Artigo #1 - IA: Não é uma questão de SE e sim de QUANDO

À medida que avançamos na terceira década do século XXI, a inteligência artificial (IA) deixou de ser uma possibilidade futurista para se tornar uma realidade tangível em nossas vidas diárias. De assistentes virtuais a sistemas complexos de automação, a IA está remodelando indústrias e revolucionando o modo como operamos no dia a dia. Este artigo explora porque a implementação da IA é inevitável e como empresas e profissionais podem se preparar para integrar essa tecnologia transformadora.

O Impulso Inevitável para a IA: A adoção da IA em diversos setores não é mais uma questão de "se", mas sim de "quando". Com o aumento da capacidade de processamento, a disponibilidade de grandes volumes de dados e o aprimoramento contínuo dos algoritmos, a IA está se tornando essencial para manter a competitividade no mercado. Empresas que escolhem não adotar a IA correm o risco de ficar para trás, uma vez que seus concorrentes utilizam essa tecnologia para otimizar operações, personalizar serviços ao cliente e tomar decisões baseadas em dados com uma precisão sem precedentes.

Setores Transformados pela IA:

- **Saúde:** A IA está revolucionando o setor de saúde, desde a descoberta de novos medicamentos até diagnósticos mais rápidos e precisos. Exemplos como o DeepMind da Google, que desenvolveu sistemas de IA para aprimorar o diagnóstico de doenças oculares, ilustram o potencial transformador da IA.
- **Finanças:** No setor financeiro, a IA proporciona a automatização de operações de alto volume e detecta fraudes com uma eficácia que humanos não conseguem replicar. Ferramentas como o Kensho, que oferece análises preditivas para investimentos, estão definindo o futuro das finanças.
- **Varejo:** No comércio varejista, a IA personaliza a experiência de compra, prevê tendências de mercado e otimiza a logística. Uma ferramenta inovadora nesse setor é a **Salesforce Commerce Cloud**, que utiliza IA para personalizar as recomendações de produtos aos consumidores, otimizar as promoções e gerenciar o inventário de forma mais eficiente. A plataforma integra o

Salesforce Einstein para enriquecer a experiência de compra, oferecendo insights preditivos que ajudam as lojas a se conectarem melhor com seus clientes. Saiba mais sobre como a Salesforce Commerce Cloud está transformando o varejo em Salesforce Commerce Cloud.

Como Se Preparar para a Era da IA: Para se preparar para a inevitável integração da IA, empresas e indivíduos devem:

1. **Investir em Educação e Treinamento:** Aprender sobre IA e suas aplicações é essencial. Recursos como Coursera e edX, oferecem cursos que cobrem desde fundamentos de IA até aplicações avançadas.
2. **Implementar Estratégias Graduais de Adoção:** Começar com projetos de IA menores pode ajudar a mitigar riscos e a entender melhor os benefícios.
3. **Focar na Coleta e Análise de Dados:** Dados são o combustível para a IA. Investir em sistemas de coleta e análise de dados robustos é fundamental para o sucesso. Uma excelente ferramenta para isso é o **Tableau**, que permite às empresas visualizar e entender seus dados com mais profundidade e precisão. Tableau ajuda a transformar dados brutos em insights operacionais valiosos com facilidade, oferecendo uma poderosa plataforma de análise que pode ser integrada com diversas fontes de dados. Descubra como Tableau pode revolucionar a análise de dados em sua empresa acessando Tableau Software.

A era da IA já chegou, e a questão agora é como e quando cada setor ou indivíduo vai se adaptar a essa transformação. Ignorar o avanço da IA pode significar perder uma oportunidade crítica de crescimento e inovação.

Artigo #2 - Como a Inteligência Artificial Está Aprendendo a Ler Nossos Pensamentos

Em uma era onde a tecnologia conhece quase todos os nossos passos, um novo horizonte está sendo explorado: a capacidade de ler e interpretar diretamente nossos pensamentos e visões. Em um estudo notável em uma Universidade no Japão, a IA conseguiu prever que uma pessoa estava visualizando uma imagem de uma girafa usando apenas dados de uma ressonância magnética funcional (fMRI). Este artigo explora esse fascinante avanço e o que ele significa para o futuro da ciência e tecnologia.

1. **O Estudo de Universidade no Japão:**
   Cientistas de uma Universidade no Japão
   demonstraram como a IA analisando dados de
   ressonância magnética funcional (fMRI), foi
   capaz de 'adivinhar' o que os voluntários
   submetidos a fMRI estavam olhando (a foto de
   uma GIRAFA!) enquanto participavam do
   teste. Este experimento abre novas portas
   para entender como o cérebro humano
   processa informações visuais.
2. **O que é fMRI?** A ressonância magnética
   funcional (fMRI) é uma técnica de
   neuroimagem que mede e mapeia a atividade
   cerebral detectando alterações associadas ao
   fluxo sanguíneo. Quando uma área do cérebro
   está mais ativa, o consumo de oxigênio nessa
   região aumenta, resultando em mudanças
   locais no fluxo sanguíneo que o fMRI pode
   registrar e visualizar. Esta tecnologia permite
   aos cientistas e médicos ver quais partes do
   cérebro estão envolvidas em processos
   mentais específicos.
3. **Tecnologia por trás da façanha:** Utilizando
   algoritmos avançados de aprendizado de
   máquina em conjunto com dados de fMRI, os
   pesquisadores criaram modelos que podem
   prever imagens observadas com base em
   padrões de atividade cerebral. Este método
   demonstra a incrível capacidade da IA de
   interpretar as complexas redes neuronais
   humanas.
4. **Implicações e Aplicações Futuras:** As
   aplicações deste tipo de pesquisa vão desde o
   diagnóstico médico até interfaces cérebro-
   computador avançadas, que poderiam permitir
   o controle de dispositivos através do

pensamento. Adicionalmente, tais técnicas poderiam auxiliar pacientes com incapacidades de comunicação ou enriquecer experiências em realidades virtuais e aumentadas.

Artigos e Pesquisas Relacionadas:

- **Nature Neuroscience - Visual Image Reconstruction:** Uma pesquisa similar em que cientistas conseguiram reconstruir imagens observadas a partir de dados de fMRI. Confira mais em Nature Neuroscience.
- **Science Advances - Decoding Brain Representations:** Um estudo que explora como diferentes representações visuais são decodificadas em atividade cerebral. Acesse Science Advances.

A IA está rapidamente se tornando uma ferramenta capaz de desvendar os mistérios do cérebro humano. À medida que a tecnologia de fMRI avança e os algoritmos de IA se tornam mais precisos, as possibilidades de entender e interagir com nossos próprios pensamentos continuam a expandir.

Artigo #3 - Vendedores, Atenção: Sem IA, No Way!

Nos dias de hoje, a inteligência artificial (IA) é muito mais do que uma ferramenta tecnológica avançada; ela é uma verdadeira parceira de negócios essencial para qualquer vendedor que deseja se manter relevante em um mercado acelerado e competitivo. Com consumidores cada vez mais informados e exigentes, a capacidade de antecipar necessidades e personalizar o atendimento tornou-se um diferencial crucial. A IA permite isso ao analisar grandes volumes de dados rapidamente, identificar padrões e tendências que são invisíveis a olho nu , otimizar as interações com clientes em tempo real, e lógico AUMENTAR A CONVERSÃO. Neste artigo, exploramos como a IA está redefinindo o papel dos vendedores, transformando estratégias de vendas e garantindo que profissionais equipados com estas ferramentas possam não apenas acompanhar, mas liderar em suas indústrias.

Exemplos Reais de Empresas Usando IA em Vendas:

1. **Salesforce Einstein:** A Salesforce integra IA em sua plataforma de CRM através do Einstein, uma ferramenta que automatiza tarefas, fornece insights preditivos e personaliza a experiência do cliente. Com Einstein, os vendedores podem prever as necessidades do cliente, identificar as oportunidades de vendas mais promissoras e otimizar processos para alcançar resultados superiores. Saiba mais em Salesforce Einstein.

2. **HubSpot Sales Hub:** O HubSpot utiliza IA para potencializar seu Sales Hub, ajudando os vendedores a priorizar leads com maior probabilidade de conversão e a personalizar estratégias de abordagem. A ferramenta fornece dados valiosos sobre o comportamento do cliente e sugestões de

timing para contato. Confira em HubSpot Sales Hub.

3. **Microsoft Dynamics 365 AI:** Este sistema utiliza IA para fornecer insights avançados que ajudam os vendedores a entender melhor os clientes. Com análises preditivas e recomendações baseadas em dados, os vendedores podem se antecipar às necessidades dos clientes e aumentar a eficácia das vendas. Visite Microsoft Dynamics 365 AI.

Ferramentas de IA para Auxiliar Vendedores:

1. **Drift:** Drift oferece um chatbot powered by IA que pode interagir com visitantes do site em tempo real, qualificando leads e agendando reuniões automaticamente, liberando os vendedores para se concentrarem em negociações de maior valor. Acesse Drift.

2. **Pipedrive AI:** Pipedrive utiliza inteligência artificial para otimizar o gerenciamento de relacionamento com clientes e aumentar a eficiência das vendas. Você pode explorar mais sobre o Pipedrive AI acessando: https://www.pipedrive.com/en/features/ai-sales-assistant

3. **Freshsales AI:** Freshsales incorpora IA em seu CRM para automatizar tarefas e fornecer insights avançados que ajudam a melhorar a interação com os clientes e aumentar as conversões. Saiba mais sobre o Freshsales AI visitando:

https://www.freshworks.com/freshsales-crm/sales-automation/ai-powered-sales/

Não deixe a inovação passar por você. Explore estas ferramentas e considere como a IA pode transformar suas estratégias de vendas para melhor. Compartilhe suas experiências ou dúvidas sobre o uso de IA em vendas nos comentários abaixo! #IA #AI. Converse sobre IA agora e ao vivo com o meu avatar.

Artigo #4 - Da a Era da Resposta à Pergunta: Dominando a Arte de Formular Prompts para Potencializar a IA

Na era digital atual, dominada pela inteligência artificial (IA), não basta apenas buscar respostas; é essencial saber fazer as perguntas certas. A habilidade de formular perguntas precisas e eficazes para a IA não apenas impulsiona a obtenção de resultados úteis, mas também define o sucesso das aplicações de negócios. Este artigo discute como a arte de perguntar pode revolucionar o uso da IA em ambientes corporativos, oferecendo dicas práticas para aprimorar essa competência essencial.

Exemplos Práticos na Área de Negócios:

Análise de Tendências de Mercado:

- **Menos eficaz:** "Quais são as tendências atuais?"
- **Mais eficaz:** "Quais tendências de consumo estão emergindo entre consumidores de 25 a 34 anos no setor de eletrônicos em São Paulo nos últimos três meses?" Esta abordagem detalhada permite que a IA filtre e analise dados especificamente alinhados com suas necessidades de negócio, proporcionando insights mais precisos e acionáveis.

Personalização de Atendimento ao Cliente:

- **Menos eficaz:** "Como podemos melhorar o atendimento?"
- **Mais eficaz:** "Quais estratégias de personalização podem ser aplicadas para clientes que compraram mais de duas vezes no último ano, mas não fizeram compras nos últimos três meses?" Perguntas bem definidas guiam a IA para personalizar a experiência do cliente baseando-se em comportamentos específicos de compra, o que pode aumentar a retenção de clientes.

Otimização de Processos Logísticos:

- **Menos eficaz:** "Qual é a melhor rota?"
- **Mais eficaz:** "Considerando os dados de tráfego atualizados e previsões meteorológicas, qual é a rota mais eficiente para entregas no Nordeste durante a próxima

semana?" Especificidades ajudam a IA a calcular a melhor logística possível, considerando variáveis dinâmicas e entregando respostas mais efetivas.

Gestão de Recursos Humanos:

- **Menos eficaz:** "Quem são os melhores candidatos?"
- **Mais eficaz:** "Quais candidatos com experiência em gestão de projetos de tecnologia e bilíngues estão disponíveis para contratação imediata na região de Belo Horizonte?" Perguntas precisas podem ajudar a IA a filtrar candidatos com critérios específicos, tornando o processo de recrutamento mais rápido e assertivo.

Exemplos Práticos na Área de Programação:

Debugging de Código:

- **Pergunta menos eficaz:** "Por que meu programa não funciona?"
- **Pergunta mais eficaz:** "Qual função está causando o erro de acesso nulo quando tento processar entradas vazias no módulo de faturamento?"

Melhoria de Performance de Software:

- **Pergunta menos eficaz:** "Como posso fazer meu app rodar mais rápido?"
- **Pergunta mais eficaz:** "Quais métodos de caching posso implementar para otimizar o

tempo de carregamento de dados repetitivos no meu aplicativo de e-commerce?"

Integração de APIs:

- **Pergunta menos eficaz:** "Como integro a API?"
- **Pergunta mais eficaz:** "Quais são as melhores práticas para autenticar e manter a segurança na integração da API do Twitter para buscar e exibir tweets em tempo real no meu site?"

Dicas e Truques: Aprimorar a formulação de perguntas envolve:

- **Especificidade:** Detalhes claros ajudam a IA a entender e processar sua solicitação corretamente.
- **Contextualização:** Forneça informações de fundo que possam influenciar a resposta da IA.
- **Clareza:** Evite jargões desnecessários que podem confundir a interpretação da IA.

Sites Recomendados para Encontrar Bons Prompts:

1. **PromptBase:** Navegue por uma ampla seleção de prompts de IA para diversos usos em PromptBase.
2. **AI Prompt Library by OpenAI:** Explore exemplos de prompts eficazes para várias aplicações em OpenAI's AI Prompt Library.
3. **Stack Exchange:** Participe de fóruns para aprimorar a arte de perguntar em Stack Exchange.

Quais são suas experiências com a formulação de perguntas para a IA? Compartilhe suas histórias nos comentários abaixo ou passe este artigo para colegas que poderiam se beneficiar de melhorar suas interações com IA. Desafie-se a criar prompts mais eficientes e observe como perguntas bem elaboradas podem transformar os resultados que você obtém!

Artigo #5 - Você já Pensou em Criar um Avatar IA para te ajudar? Descubra Como e Por quê!

Na era digital atual, a tecnologia de inteligência artificial (IA) oferece soluções inovadoras que podem revolucionar nosso modo de trabalhar. Um desses avanços é a criação de avatares IA, ou agentes virtuais, que podem executar uma variedade de tarefas para facilitar nosso dia a dia. Neste artigo, vamos explorar como você pode criar seu próprio avatar IA, quais tarefas ele pode assumir e as vantagens de ter um assistente virtual personalizado.

Por Que Ter um Avatar IA?

A ideia de ter um avatar IA pode parecer futurista, mas é uma realidade cada vez mais acessível e benéfica. Aqui estão algumas razões convincentes para considerar a integração de um avatar IA em sua vida profissional e pessoal:

1. **Assistência Personalizada:** Um avatar IA pode ser programado e treinado para entender suas preferências e necessidades específicas. Isso significa que ele pode oferecer suporte personalizado em uma variedade de tarefas, desde organizar sua agenda até sugerir atividades baseadas em seus interesses e histórico. Imagine um assistente que não apenas conhece sua agenda, mas também sugere o melhor momento para reuniões com base em seu ritmo de trabalho e hábitos de descanso.

2. **Aumento de Produtividade:** Avatares IA são ferramentas poderosas para multiplicar sua produtividade. Eles podem gerenciar tarefas rotineiras e consumidoras de tempo, como agendamento de reuniões, triagem de e-mails, ou até mesmo pesquisa de informações online. Isso libera seu tempo para se concentrar em tarefas que requerem criatividade e pensamento crítico, áreas nas quais a máquina ainda não pode competir efetivamente com o humano.

3. **Disponibilidade Constante:** Diferentemente dos assistentes humanos, os avatares IA estão disponíveis 24 horas por dia, 7 dias por semana. Eles podem fornecer assistência fora do horário comercial, nos fins de semana, ou sempre que você precisar. Isso é particularmente útil para profissionais que

trabalham em fusos horários diferentes ou que precisam de suporte fora do horário tradicional de escritório.

4. **Redução de Custos:** A longo prazo, um avatar IA pode ser uma opção mais econômica do que contratar pessoal adicional. Os avatares não necessitam de salário, benefícios, ou licenças médicas, tornando-os uma solução de baixo custo para aumentar a capacidade de trabalho sem o investimento significativo associado à expansão da equipe.

5. **Experiência Interativa:** Avatares IA podem transformar a maneira como você interage com máquinas. Eles podem ser projetados não apenas para executar tarefas, mas também para fornecer uma experiência interativa e envolvente. Isso inclui o uso de linguagem natural e a capacidade de responder a mudanças no tom de voz ou humor, criando uma interação mais natural e agradável.

6. **Evolução Contínua:** Uma das grandes vantagens dos avatares IA é sua capacidade de aprender e adaptar-se ao longo do tempo. Utilizando algoritmos de aprendizado de máquina, eles podem melhorar suas habilidades e funcionalidades com base em feedback e interações, tornando-se cada vez mais eficientes em suas tarefas.

Como Criar um Avatar IA: A criação de um avatar IA começa com a definição de suas necessidades e a escolha da plataforma certa. Aqui estão alguns sites que oferecem ferramentas para criar seu próprio avatar IA:

1. **Synthesia.io:** Perfeito para criar vídeos com avatares que falam e interagem usando apenas texto. Ideal para treinamentos ou apresentações. Acesse Synthesia.io.
2. **Replika.ai:** Uma plataforma que permite criar um companheiro AI personalizado capaz de conversar e aprender com você. Explore mais em Replika.ai.
3. **Zoho Zia:** Zia é o assistente AI da Zoho que pode ajudar com tarefas de escritório, desde a gestão de e-mails até o agendamento de compromissos. Confira em Zoho Zia.

Tarefas que um Avatar IA Pode Executar: Avatares IA são extremamente versáteis. Aqui estão algumas das tarefas com as quais eles podem ajudar:

- **Resumo de Reuniões:** Avatares IA podem participar de suas reuniões virtuais, gravar discussões e fornecer resumos concisos.
- **Gerenciamento de E-mail:** Eles podem filtrar sua caixa de entrada, destacando mensagens importantes e até mesmo respondendo a e-mails rotineiros.
- **Agendamento de Compromissos:** Avatares podem gerenciar seu calendário, programar reuniões e enviar lembretes.
- **Suporte ao Cliente:** Podem fornecer respostas rápidas e eficientes a perguntas frequentes de clientes, oferecendo um serviço mais ágil.

Vantagens de Ter um Avatar IA: Ter um avatar IA possui múltiplas vantagens:

- **Eficiência Aumentada:** Automatiza tarefas rotineiras, permitindo que você se concentre em atividades de maior valor.
- **Disponibilidade 24/7:** Ao contrário de assistentes humanos, um avatar IA pode trabalhar continuamente, sem precisar de descanso.
- **Personalização:** Com o tempo, o avatar aprende suas preferências e se adapta para servir melhor às suas necessidades específicas.

Você já considerou criar um avatar IA para si mesmo? Que tarefas você delegaria a ele? Compartilhe suas ideias e pensamentos nos comentários abaixo e vamos explorar juntos as possibilidades que essa tecnologia promissora oferece!

Artigo #6 - No pAln, no gAln: Monetize using AI

In the rapidly evolving world of technology, Artificial Intelligence (AI) has emerged as a powerful tool not just for optimizing processes, but for unlocking new avenues of revenue generation. Today, businesses are increasingly turning to AI not just to enhance efficiency but to carve out new markets and transform service delivery. This article delves into how AI is reshaping industries by providing practical, monetizable tools that businesses can implement right now. We'll explore cutting-edge AI tools that are easy to integrate and show immediate return on investment, transforming potential into profits in sectors ranging from marketing and customer service to product development and beyond. Whether you're a startup looking to disrupt a market or an established company aiming to innovate within your sector, understanding how to leverage AI tools is key to monetizing effectively and staying competitive in the digital age.

Monetizable AI Tools and Usage Suggestions:

Chatfuel:

- **Tool Description:** An easy-to-use chatbot platform for creating AI-driven bots on Facebook and Instagram without coding.
- **Monetization Suggestion:** Deploy Chatfuel bots to automate common customer queries on social media, leading to increased sales through personalized product recommendations and improved customer service.
- Learn more: https://chatfuel.com

ManyChat:

- **Tool Description:** A visual bot builder for automating conversations across Facebook, SMS, and email.
- **Monetization Suggestion:** Use ManyChat to set up marketing automation that captures and nurtures leads across platforms, ultimately

driving conversions through targeted messaging and offers.

- **Learn more:** https://manychat.com

Mailchimp's AI-powered Tools:

- **Tool Description:** Mailchimp provides AI tools that optimize email marketing campaigns, from subject line generation to content personalization.
- **Monetization Suggestion:** Enhance email marketing strategies using Mailchimp's AI to personalize messages, segment audiences dynamically, and predict the best sending times, increasing open rates and conversions.
- **Learn more:** https://mailchimp.com/

Canva's Magic Write:

- **Tool Description:** Utilizes AI to generate creative content for a variety of formats, assisting in design and marketing material creation.
- **Monetization Suggestion:** Employ Canva's Magic Write to rapidly produce high-quality graphic content for digital marketing, reducing costs and speeding up production, while maintaining a consistent and engaging brand voice.
- **Learn more:** https://www.canva.com

Voiceflow:

- **Tool Description:** An easy-to-use platform for creating voice applications for Alexa and Google Assistant without coding.

- **Monetization Suggestion:** Develop and monetize interactive voice apps and skills for businesses looking to expand their reach on smart speakers, enhancing customer interaction and offering innovative services.
- **Learn more:** https://www.voiceflow.com

Case Study: Small to Big with AI – Grammarly:

- **Before AI:** Grammarly started as a relatively simple writing tool with basic grammar and spell-check capabilities.
- **After AI:** Integrating advanced AI algorithms, Grammarly expanded its features to include tone detection, style suggestions, and plagiarism detection, which transformed it into an essential tool for writers, educators, and businesses. This evolution drove its growth into millions of daily users and significantly increased its market value.
- **Learn more:** https://www.grammarly.com/blog/engineering/

Are you ready to harness the power of AI to revolutionize your business? Explore these tools, read about the success stories, and consider how you might apply similar strategies to your operations. Share your thoughts or start a discussion below on how AI can be a game-changer for your revenue streams! #AI #IA

Referências Bibliográficas

Livros:

- Russell, S. J., & Norvig, P. (2016). Artificial Intelligence: A Modern Approach (3rd ed.). Prentice Hall. Um texto fundamental que oferece uma visão abrangente dos princípios fundamentais e tecnologias de IA.

- Tegmark, M. (2017). Life 3.0: Being Human in the Age of Artificial Intelligence. Knopf. Este livro explora o futuro da IA e seu impacto na sociedade, economia e existência humana.

- Domingos, P. (2015). The Master Algorithm: How the Quest for the Ultimate Learning Machine Will Remake Our World. Basic Books. Uma discussão sobre os algoritmos de aprendizado de máquina que estão no coração da IA e como eles têm o potencial de transformar o mundo.

Fontes Online:

- OpenAI. (2020). OpenAI API. https://www.openai.com/api/ - Uma plataforma que oferece acesso a poderosas ferramentas de IA permitindo a exploração de aplicações inovadoras em diversos campos.

- AI Ethics Guidelines. (2019). High-Level Expert Group on Artificial Intelligence - European Commission. https://www.europarl.europa.eu/topics/pt/article/20230601STO93804/lei-da-ue-sobre-ia-primeira-regulamentacao-de-inteligencia-artificial#:~:text=Em%20abril%20de%202021%2C%20a,que%20representam%20para%20os%20utilizadores. - Um conjunto de diretrizes desenvolvidas pela Comissão Europeia para promover o desenvolvimento ético da IA.

- Perfil pessoal do Autor no LinkedIn: https://www.linkedin.com/in/augustosalomon/

www.ingramcontent.com/pod-product-compliance
Lightning Source LLC
LaVergne TN
LVHW051327050326
832903LV00031B/3405